Qu'est-ce qui nous rend humains ?

www.editionsatelier.com
www.twitter.com/ateliereditions
facebook.com/editionsatelier

Imprimé en France *Printed in France*
ISBN : 978-2-7082-4225-8

Jean-Louis Lamboray

Qu'est-ce qui nous rend humains ?

Récit

LES EDITIONS DE L'ATELIER

Les Editions Ouvrières
51-55 rue Hoche
94200 Ivry-sur-Seine

Remerciements

Merci à tous ceux qui m'ont élevé et éduqué. Merci à cette Europe où nous avons la chance de vivre au quotidien la paix, la liberté et la solidarité. Merci aux milliers de communautés qui composent la Constellation. Nos liens sont forts et vivants. Merci aux fondateurs, aux membres du conseil d'administration de la Constellation, aux coaches et aux milliers de facilitateurs de la Constellation : ensemble nous avons osé formuler notre rêve ambitieux, et voilà qu'il se réalise au-delà de nos attentes ! Merci à ceux qui se dépensent sans compter pour cheminer avec les communautés vers la compétence pour la vie. Merci à tous ceux qui appuient le mouvement sans demander autre chose en retour que le bonheur de voir leurs proches progresser. Merci à tous ceux qui se joindront à nous au fil de nos rencontres à travers ce livre ou autrement. Merci à tous ceux qui nous ont faits et qui nous font confiance.

Il y a toujours un risque à remercier nommément l'une ou l'autre personne. Car nommer les uns, c'est exclure ceux qui ne le sont pas. Je ferai exception pour deux personnes : Andrée, mon épouse, pour son soutien sans faille et Marie, ma fille, complice efficace dans la rédaction de ce livre.

Préface

J'ai rencontré le Dr Jean-Louis Lamboray en 2003. À cette époque, j'étais membre du conseil de la Communauté internationale des femmes vivant avec le VIH et cela faisait déjà quelques années que nous luttions contre ce qui semblait être l'inévitable expansion de l'épidémie de sida.

Une partie de mon travail consistait à participer et à promouvoir la participation des femmes vivant avec le VIH dans les instances qui prenaient des décisions ayant des répercussions sur nos vies. Mais, à chaque fois, je me sentais plus empêtrée dans les réseaux complexes du système qui paraissait avoir pour mission de nous sauver de l'épidémie pourvu que nous ne nous impliquions pas dans le processus.

Fin 2003, je me suis rendue à Lyon pour assister à une réunion, à l'invitation du Dr Lamboray. Je savais qu'il travaillait pour la Banque mondiale en tant que spécialiste du VIH et qu'il avait participé à la création du Programme commun des Nations unies sur le sida (ONUSIDA). L'objet de la réunion était les réponses locales, alors que la tendance générale était de se concentrer sur la réponse globale. Cela a attiré mon attention, mais je dois avouer que je m'attendais à une de ces réunions techniques auxquelles j'étais habituée et qui avaient nourri mon désespoir tout le long du cheminement de la réponse à l'épidémie. La réunion s'est révélé être très différente et j'ai tout de suite reconnu l'âme que je voulais trouver dans le travail contre le sida.

Depuis lors, j'ai été témoin et actrice d'une modification substantielle de la portée de ce travail. La réponse locale au sida était, initialement, une petite graine. Elle a grandi, alimentée par le succès de son application en réponse à l'épidémie. Le problème du VIH retrouve sa véritable dimension lorsque nous prenons conscience que ce n'est pas le seul défi que nous devons relever en tant qu'individus et en tant que communauté, et que ce n'est pas toujours le plus urgent, mais il est de ceux qui peuvent tronquer nos rêves.

La réponse locale au VIH, modelée par l'application de la méthode de travail de la Constellation, a soulevé des questions que les experts sur le sujet au niveau mondial avaient négligées pour se concentrer exclusivement sur la « solution ». Les communautés ont des priorités sur lesquelles elles peuvent commencer à agir par elles-mêmes, encouragées par une nouvelle façon de se voir et d'être vues ; la compétence communautaire face au sida a cédé la place au processus de la compétence communautaire pour la vie. Et c'est précisément ce que nous offre ce livre. Il n'expose pas de théories, il ne promeut pas de méthodologies, il ne fournit pas l'opinion de multiples « experts » internationaux, mais il partage une sagesse réelle, tirée de l'expérience des gens ; une sagesse distillée par ceux-là mêmes qui, en prenant conscience et en discutant des questions qui les touchent, cherchent les solutions les mieux adaptées à leur réalité. Il nous ouvre la porte pour que nous puissions partager ces observations et tirer nos conclusions sur la vraie portée de cette façon de faire.

L'expert Dr Lamboray disparaît lorsque vous entendez, pour la première fois, son rire spontané, énorme comme lui-même, direct. Pour ceux qui font partie de la Constellation, Jean-Louis est l'incarnation de l'esprit de cette approche du travail, ou peut-être qu'il serait plus approprié de dire de cette façon de voir et de vivre. Son image est restée, pour moi, associée pour toujours au projet auquel il s'est consacré corps et âme. Expansif, dynamique, il prend naturellement sa place ; son habilité consiste à le faire en ne limitant pas l'espace des autres. Sa confiance dans le processus que nous proposons est telle qu'il ne le relègue pas au domaine du professionnel, mais pour lui, la séparation entre le personnel et le professionnel ne semble pas avoir de sens.

Lorsque l'idée du livre est venue, j'ai pensé qu'il était nécessaire de raconter une histoire collective, pas une collection de fragments, mais qui transmettrait l'image d'un tout, comme une personne qui raconterait sa propre vie. Je reconnais que, à l'époque, cela me semblait être une tâche difficile, mais aujourd'hui, quand j'écris ces mots comme prologue, après avoir lu le livre d'un trait, je sens que mes attentes ont été satisfaites et dépassées.

Il n'est pas facile de parler de méthode de travail, sans tomber dans l'endoctrinement ou l'académique ; d'expliquer sans donner des leçons, surtout quand la passion pour ce que vous faites est aussi intense que celle que l'on peut observer chez Jean-Louis. Mais il a réussi à transmettre, comme le faisaient les anciens troubadours, les histoires qu'il a trouvées en chemin mélangées à celles qu'il a vécues, tressant ainsi l'histoire de la vie collective d'un organisme vivant, complexe, changeant et en expansion.

Au-delà des anecdotes, souvent surprenantes, si pas amusantes, étonnantes et toujours pleines de sagesse, se cache une profonde philosophie de vie. Cette histoire propose nos forces et l'amour comme solution aux problèmes qui se produisent et se reproduisent dans un système social et professionnel artificiel, de plus en plus éloigné de nos racines humaines. Lorsque nous nous abandonnons à la naïve simplicité de la narration, nous sentons à quel point elle nous ramène sur le chemin de la confiance en notre propre sagesse, celle que nous partageons avec les autres êtres humains. Un itinéraire au cours duquel les solutions aux problèmes sont basées sur la reconnaissance de notre égalité en tant qu'êtres humains, dans la diversité même de nos compétences et de nos talents.

Se lancer dans l'expérience de la lecture de cette histoire d'histoires, c'est pénétrer dans une réalité qui, j'en suis certaine, va résonner naturellement pour la plupart des lecteurs ; c'est reprendre conscience de l'un de nos désirs les plus fondamentaux en tant qu'êtres humains : être heureux.

Nous vous invitons à franchir le seuil de cette réalité. L'enthousiasme contagieux et solidaire de l'auteur émerge, tenace, dans chacune de ses paroles ainsi que l'enthousiasme des centaines, des milliers de personnes dont il est question dans ce livre, ou plutôt qui parlent dans le livre de leur propre voix.

Merci, Jean-Louis, pour cette merveilleuse histoire d'un rêve partagé.

MariJo Vazquez

Introduction

« Moi, je suis un gangster. La police me connaît. Jusque-là, mon boulot c'était de braquer des banques et de violer les filles. Maintenant, je me rends compte que ma vie est plus importante que cela ! » C'est Kasure qui parle. Il habite à Goroka, en Papouasie-Nouvelle-Guinée. Depuis quelques mois, il rend visite aux personnes malades du sida et encourage les jeunes à prendre leurs responsabilités face au VIH. Une voix *off* lui demande :

« – Qu'est-ce qui a provoqué ce changement ?

– Pendant vingt ans, des ONG sont venues nous dire : "Abstenez-vous ! Soyez fidèles ! Utilisez des préservatifs !" On les écoutait à peine. Puis une équipe de la Constellation m'a révélé mes forces. Personne ne m'avait jamais dit que j'avais des forces... Alors, maintenant, je les emploie ! »

Lorsque j'ai fondé la Constellation avec onze personnes en décembre 2004, nous partions d'un constat : la seule mise en place de services de prévention et de soins n'avait que peu d'effet sur la pandémie du sida. Il y avait cependant quelques endroits où l'épidémie régressait. Par exemple, en Thaïlande du Nord, en Ouganda et au Brésil, les gens s'appropriaient le problème du sida et agissaient par eux-mêmes pour combattre cette pandémie. La Constellation fut donc créée pour stimuler et connecter les réponses locales au VIH et au sida.

Nous nous embarquions alors pour une merveilleuse aventure sans en prendre pleinement conscience. Fin 2010, plus d'un million de personnes résidant dans une trentaine de pays d'Afrique, d'Amérique, d'Asie et d'Europe[1] s'inspirent de l'approche que nous proposons pour agir localement et des milliers de facilitateurs les accompagnent dans leur démarche. Enthousiasmées par leurs propres progrès, ces personnes adaptent alors cette approche à d'autres enjeux, tels que le paludisme, le diabète et, au-delà de la santé, à la vie harmonieuse en société.

Une autre façon de faire nous a permis de progresser, mais quelle est-elle ? Voilà la question centrale à laquelle ce livre tente de répondre. Cette réponse sera imparfaite et provisoire car sans cesse enrichie par l'expérience. Ne vous attendez donc pas à un livre de recettes pour une vie meilleure, mais plutôt à un premier essai de consolidation de principes pour l'action que le temps affinera.

Alors qu'à la fondation de la Constellation, nous pensions qu'il suffirait d'offrir aux communautés une série d'outils pour qu'elles agissent, progressivement nous nous sommes aperçus que l'essentiel était ailleurs : dans le regard porté sur autrui. Plutôt que d'analyser les besoins des communautés pour y apporter des solutions, nous valorisons les forces présentes dans chaque personne.

Nous n'avons pas fini de découvrir le pouvoir décapant de ce changement de regard.

Il s'agit de remettre en cause la croyance selon laquelle il existerait une solution technique à chacun de nos problèmes. Combien de fois ne m'a-t-on pas fait cette réflexion : « Le sida ? Il y a encore un problème ? N'a-t-on pas découvert des médicaments pour soigner cette maladie ? » Cette croyance dans les moyens techniques ne se limite pas au sida. Voyez la malaria :

---

1. *Cf. Carte de la répartition de la Constellation dans le monde*, Constellation, 2011. http://www.communitylifecompetence.org/fr/78-where-we-work-3 (accédé en janvier 2013).

toute la lutte semble organisée autour de la distribution des moustiquaires imprégnées d'insecticides et des médicaments anti-malariens. Pourtant, les chiffres sont connus. Ces campagnes couvrent à 80 % les besoins des familles africaines, mais seules 30 % d'entre elles les utilisent. Les autres restent dans leur emballage, sont utilisées comme voile de mariée, comme filet de pêche, ou encore pour protéger... les vaches.

Cette foi, sans limite, dans la technologie ne se réduit pas à la santé. L'installation de caméras dans les villes suffirait pour assurer notre sécurité. Les énergies renouvelables devraient nous permettre de continuer à consommer sans bornes.

L'homme est absent de cette vision du monde. Pourtant, cinq ans durant, nous avons été confortés dans notre conviction que chaque communauté dispose de forces dans lesquelles elle peut puiser afin d'apporter des solutions durables à ses propres problèmes.

Alors qu'au cours des années nous apprenions de l'expérience de nos amis congolais, indiens, thaïlandais, etc., une autre idée reçue fondait comme neige au soleil : parce que nous habitons des pays parmi les plus riches de la terre, nous, occidentaux, serions « développés ». Ce statut nous imposerait de nous pencher sur le triste sort du reste de l'humanité, que nous aurions à tirer du sous-développement à coups de milliards et d'assistance technique.

N'aurions-nous rien à apprendre des autres, sous prétexte que nous sommes plus riches qu'eux ? Notre prétention une fois disparue, nous pouvons poser là le lourd fardeau de l'homme blanc et célébrer la vie avec tous afin d'apprendre ensemble à vivre mieux.

La cloison entre les pays développés et les autres n'est pas la seule à disparaître. Voici que s'efface également le cloisonnement entre le travail et la famille. Au début, nous concevions la Constellation comme un bureau de consultants qui vendraient un service : faciliter la réponse locale. Nous n'avions pas anticipé l'impact que cette approche aurait sur notre propre vie ! Mais dès lors que nous portons un regard positif sur la vie d'autrui, l'énergie qui se dégage de cette démarche se fraie un chemin dans notre propre façon d'être. La distinction entre vie professionnelle et vie privée s'efface et fait place à la vie tout court.

Enfin, nous avons réalisé le danger qu'il y a à classer les personnes en catégories : dans l'une, les habitants des quartiers convenables et dans l'autre, les caïds de banlieue ; dans l'une, les saints et dans l'autre, les pécheurs ; dans l'une, les victimes et dans l'autre, les agresseurs ; dans l'une, les hétéros et dans l'autre, tous les autres ; dans l'une, les gens normaux et dans l'autre, les personnes vulnérables ; dans l'une, les autochtones et dans l'autre, les allochtones[2]. En catégorisant les personnes, nous laissons nos préconceptions guider nos attitudes et nos comportements face à autrui. En appréciant les forces de chacun nous découvrons le merveilleux kaléidoscope des qualités humaines disponibles pour l'action commune.

Ne sommes-nous pas tous humains, avec nos faiblesses, mais aussi avec nos forces ? Pour la première fois dans notre histoire, nous avons conscience que le destin de toute l'humanité est lié. En nous libérant de nos préjugés, en refaisant confiance en l'homme, que de forces, que d'énergie disponibles ! Alors, qu'il s'agisse du sida, du paludisme, du changement climatique, de l'avenir même de notre planète, l'espoir renaît.

Notre espoir est enraciné dans le concret. D'abord sur ce constat, mille fois répété : toute communauté a en elle

---

2. Antonyme d'autochtone. Qui n'est pas originaire du pays qu'il habite.

les ressources essentielles pour faire face à ses problèmes. Ensuite, sur cet autre constat : des organisations gouvernementales, non gouvernementales et privées changent, elles aussi, de regard et de façons d'agir, en se laissant inspirer par ces changements.

Plus fondamentalement peut-être, quand en Thaïlande, les bouddhistes, les musulmans et les chrétiens réunis dans la lutte contre le sida voient dans l'approche proposée par la Constellation une base commune pour l'action, on se prend à espérer qu'un renouveau spirituel naisse de l'appréciation des forces d'autrui et des actions concrètes de solidarité menées par les communautés du monde entier.

Dès lors, serait-il si fou de rêver à une sagesse nouvelle qui émergerait de l'expérience de millions de personnes ? Peut-on penser que ces communautés seraient en mesure de dégager à partir de leurs contextes différents les principes communs pour l'action locale ? Qu'est-ce qui nous empêcherait de rêver du jour où les dirigeants de ce monde ne seront plus seulement informés par leurs experts techniques, mais seront également inspirés par cette sagesse nouvelle ?

Nous vivons des temps incertains. Quel avenir réservons-nous à nos enfants ? Les Européens font partie des 20 % des habitants de la planète qui accaparent 80 % de ses richesses. Nous avons le choix : recourir à la violence pour défendre ce que nous considérons comme acquis de droits ou rechercher d'autres manières de vivre ensemble. N'est-il pas temps de reprendre notre destin en main et de reconstruire les liens qui permettront de construire une vie meilleure pour tous ?

Ce livre est pour vous, qui êtes engagés dans l'action locale ou qui souhaitez vous y engager ; il est pour vous, qui œuvrez dans les secteurs sociaux et recherchez un rapport neuf avec les bénéficiaires de votre action ; pour vous qui voulez redonner du sens au travail au sein de votre entreprise ; pour vous qui souhaitez reconquérir la gestion de la cité au-delà des fragmentations politiciennes ; bref pour nous tous qui aspirons à un monde meilleur pour nous-mêmes et pour les générations futures.

I

La fondation de la Constellation

En 2004, année de la fondation de la Constellation, le virus du sida poursuivait son expansion entamée vingt ans plus tôt. Chaque année depuis le début de l'épidémie, tant le nombre de nouvelles infections que celui des décès augmentait. Les efforts importants de la communauté internationale tardaient à porter leurs fruits. Seuls le nord de la Thaïlande, l'Ouganda et le Brésil étaient parvenus à faire reculer le sida au cours des années 1990.

Les habitants de ces deux pays et ceux du nord de la Thaïlande avaient en commun ce cheminement : ils étaient sortis du déni, avaient fait du sida leur affaire et agissaient localement pour en venir à bout. Par exemple, en Ouganda, des milliers de personnes vivant avec le VIH se sont regroupées en associations. Elles ne cachaient pas leur séropositivité et avertissaient leurs concitoyens du danger. En Ouganda, une maman pouvait parler à sa fille et lui dire que sa tante était décédée du sida. Dans le Kenya voisin, c'était le silence total, malgré les campagnes d'information. Des services de soins étaient mis en place, les préservatifs étaient distribués, mais, « n'existe que ce qui est dit », rappelle Michel Serres. En Ouganda, le sida sévissait et la société pouvait agir pour le combattre. Au Kenya, on entendait parler du sida, mais on n'en discutait pas comme d'un problème qui concernait au premier chef chaque famille, chaque communauté. Sans cette discussion, la société kenyane comme tant d'autres de par le monde ne pouvait faire sien le défi de vaincre le sida, ni entreprendre quelque action pour le relever.

J'ai vécu un an et demi à Phayao, capitale d'une province au nord de la Thaïlande. Dans cette province, le VIH avait atteint jusqu'à 20 % des jeunes gens de vingt et un ans en 1992. En 1998, cette proportion n'était plus que de 6 % et elle tombera à moins de 1 % en 2002. La tendance était la même pour l'ensemble des habitants du nord de la Thaïlande, soit 10 000 000 de personnes. Cette population est la seule au monde qui ait fait reculer l'épidémie dans de telles proportions. Je voulais comprendre son secret pour pouvoir le partager avec tous les amis qui, en Afrique et ailleurs, semblaient se battre en vain. En détachement de la Banque mondiale à l'ONUSIDA (le programme commun des Nations unies pour le VIH/sida), j'y ai animé la réflexion des acteurs principaux de la lutte, soutenue par une équipe thaïlandaise d'épidémiologistes, d'économistes et d'anthropologues. Quelle était leur conclusion, entérinée par les autorités thaïlandaises ? « Il est nécessaire d'offrir des services pour prévenir, soigner le sida et réduire son impact, mais ces services ne sont pas suffisants. Ce sont les actions des personnes, des familles et des communautés en réponse au fléau qui font la différence. »

Rentré au siège de l'ONUSIDA en 1998, je pensais que ce message serait accueilli et relayé avec enthousiasme, car les conclusions de Phayao offraient une piste pour augmenter l'impact de l'effort mondial contre le sida : là où les personnes elles-mêmes tardaient à agir pour faire face au sida, il fallait absolument les stimuler à large échelle par un vaste programme de facilitation des réponses locales. Cette facilitation ne devait pas remplacer la mise en place des services de prévention et de soins, mais elle lui servirait de complément indispensable pour assurer l'efficacité de ces services. Dans ma candeur naïve, je croyais que l'ONUSIDA allait adapter ces recommandations en tenant compte des leçons apprises dans les pays qui progressaient. Malheureusement, le rapport sur Phayao est resté lettre morte. C'était comme si les progrès des Thaïlandais et les leçons qui en découlent étaient classés « secret-défense ». En juillet 2004, 14 000 participants à la Conférence internationale sur le sida se sont réunis à Bangkok. Ils en repartiront sans savoir que les habitants du nord de ce pays avaient jugulé l'épidémie. Nous chercherons à comprendre pourquoi au chapitre suivant.

À Phayao, trois amis, Dr Masami Fujita, Dr Agnès Soucat et Dr Aree Tanbanjong ont proposé la locution « compétence face au sida » pour signifier l'utilisation par les communautés de leurs capacités afin de venir à bout de l'épidémie, et je promouvais cette idée à partir de Genève. Lorsque fin 2001, Michel Sidibé, l'actuel directeur exécutif de l'ONUSIDA, est devenu mon patron, il m'a relayé l'ordre, venu d'en haut, de cesser d'utiliser la notion de compétence face au sida. J'étais bel et bien bâillonné, sans que la moindre explication me fût donnée ! Cependant, l'idée avait fait son chemin en dehors des cercles officiels. Quelques mois plus tard, j'assiste pendant la CISMA (Conférence internationale sur le sida et les maladies sexuellement transmissibles en Afrique) à une session « de haut niveau » que Michel Sidibé préside, sur le thème « religion et sida ». Grande surprise ! La majorité des orateurs déclare qu'ils ont adopté pour leur organisation la vision de la compétence face au sida ! Le lendemain, des amis africains organiseront une séance supplémentaire pour que je puisse partager l'expérience de Phayao et en dégager les implications stratégiques. Je ne me suis pas privé de parler de compétence face au sida ! L'enthousiasme était palpable, la vision se propageait, mais les moyens pratiques pour accompagner sa réalisation faisaient cruellement défaut.

Je n'étais pas seul à lutter pendant mon séjour au siège d'ONUSIDA. Durant six ans, de 1998 à 2004, une équipe informelle s'est soudée autour de l'idée de la compétence face au sida et, ensemble, nous avons cherché à stimuler les réponses locales afin que cette idée prenne corps. J'avais rencontré Ian Campbell et ses collègues Alison Rader et April Foster de l'Armée du Salut dès 1989 lors de la Conférence d'Arusha sur le sida en Afrique. Ces pionniers présentaient déjà une approche concrète qui permettait de discuter des tabous les plus intimes au sein de la société zambienne. Leur secret ? Soigner les malades au sein des foyers et stimuler, grâce aux liens qui se créent, la discussion et l'action sur les causes locales de la propagation du VIH.

Dix ans plus tard, Ian était responsable des services de santé de l'Armée du Salut, et j'avais pu dégager un petit budget pour appuyer son groupe développant des équipes de facilitation qui soutiennent des réponses locales dans les quatre coins du monde. Faby Ngeruka dirigeait une telle équipe à Kigali. Sue Lucas documentait ces actions de manière rigoureuse. En Thaïlande, j'avais rencontré Dusit Duangsa et Usa Duongsaa qui, depuis le début de l'épidémie, avaient adapté des techniques participatives pour accompagner des communautés au nord de la Thaïlande. Pour eux aussi, j'avais pu dégager un petit financement d'ONUSIDA afin de leur permettre de documenter dans le détail les actions des communautés de la Thaïlande du Nord.

Cependant, depuis mon séjour à Phayao, je restais sur ma faim. Comment permettre aux acteurs du terrain de partager leur savoir-faire avec d'autres acteurs par-delà les frontières et les cultures ? C'est là que j'ai eu la chance de lire le livre de Geoff Parcell sur le partage du savoir-faire au sein de la société BP. C'était génial : BP avait remplacé son centre d'expertise à Londres par un système d'échange du savoir-faire au sein même des divers centres de production de l'entreprise. Il fallait adapter ce système à la lutte contre le sida ! Lorsque Lord Brown, le patron de BP à l'époque, a réalisé que cette approche d'échange du savoir-faire permettrait de sauver des vies, il a autorisé sans la moindre hésitation le détachement de Geoff Parcell à l'ONUSIDA pour rejoindre mon équipe. Au sein de l'ONUSIDA, je pouvais compter sur Marlou De Rouw, qui travaillait avec moi depuis 1998. Marlou n'a pas son pareil pour créer une ambiance amicale au sein des réseaux informatiques de partage d'expérience. Quant à Luc Barrière-Constantin, il soutiendra sans faillir notre action à partir du département d'appui aux pays.

Tout ce travail restait malheureusement informel, car nous ne parvenions pas à influencer les stratégies mondiales. Les plans nationaux et les budgets qui en découlent reproduisent le même schéma : ils se limitent à la seule mise en place de services de prévention, de soins et de réduction de l'impact et laissent dans l'ombre la facilitation des réponses locales. L'expérience des Thaïlandais, des Brésiliens et des Ougandais – les seuls qui, dans les années 1990, faisaient reculer l'épidémie – n'était pas prise en compte, et elle ne l'est toujours pas aujourd'hui ; la responsabilité centrale de chaque personne et de chaque communauté dans la mise en œuvre de la lutte reste au second plan, un comble lorsqu'il s'agit de sexe !

Pas facile de tenir le coup dans un tel contexte. Ian m'appelait régulièrement pour m'encourager : « Tiens bon tant que tu peux, car ton appui nous aide. Bien sûr, le jour où tu lâcheras, nous comprendrons. » Un jour, Luc me surprend en larmes dans mon bureau. Il s'en étonne et me demande ce qui m'arrive. Ian venait de me téléphoner, et m'avait raconté comment les responsables nationaux zambiens étaient enchantés d'apprendre qu'une équipe à l'ONUSIDA se souciait de stimuler les réponses locales. Je lui réponds : « Je ne sais pas combien de temps encore nous pourrons tenir ! » Je pressentais que, malgré tous nos efforts, le jour viendrait où il serait malhonnête de faire croire que l'ONUSIDA soutenait les réponses locales, alors qu'il n'en était rien, car notre action était isolée, sans réel impact sur le cours des choses.

Le coup de grâce viendra un beau jour de juin 2004. Le conseil d'administration de l'ONUSIDA se tient dans le sous-sol d'un grand hôtel de Genève. La salle est comble. Dans un premier cercle, les délégations des pays sont réunies autour du directeur exécutif et du président de séance. Dans un deuxième cercle, se massent des représentants de la société civile, des organisations des Nations unies, des ONG et des observateurs.

Cinq mois plus tôt, le directeur exécutif avait secrètement donné instruction de couper les vivres au programme pour la compétence face au sida que je dirigeais. Nous devions la survie du programme à Michel Sidibé, alors directeur du département d'appui aux pays et aux régions. Il ne nous restait qu'un espoir, l'intervention des pays membres du conseil. Nous avions approché les représentants de mon pays, la Belgique, et ceux de la France, décidés à exprimer leur satisfaction pour notre travail basé sur les compétences locales face au sida.

Malheureusement, ce jour-là, dès le matin, je savais que la Belgique ne prendrait pas la parole, car le directeur exécutif, belge lui aussi, avait exercé une pression morale et diplomatique sur le représentant de notre pays. Restait la France. Écoutons son représentant : « La délégation de la France serait heureuse de connaître les intentions du directeur exécutif quant au programme pour la compétence face au sida. En effet, notre pays a eu l'occasion d'apprécier l'échange d'expériences sur le sida entre quatorze villes du monde, que ce programme a organisé fin 2003 à Lyon. »

De longues minutes s'écoulent, interminables, car d'autres questions sont posées. Puis le directeur exécutif répond aux questions. Sa réponse au représentant de la France tarde à venir, va-t-il faire la sourde oreille ? L'heure du déjeuner est passée et l'on sent le conseil s'apprêter pour la pause. Certains en sont déjà à fermer leurs dossiers, d'autres répondent à leurs messages sur leur Blackberry. Quand tout à coup : « Ah oui, il y a eu aussi cette question de détail posée par le représentant de la France. Nous avons affecté un membre senior de notre staff – c'était moi ! – à ce programme, mais avant que je lui octroie le moindre sou, je veux procéder à son évaluation. » La messe était dite car je ne m'attendais pas à une évaluation objective. Il était temps de reconnaître que nous avions échoué et d'adopter une autre approche pour arriver à nos fins. Après concertation avec mon équipe informelle, nous décidons de poursuivre notre route à l'extérieur de l'institution. En effet, il ne s'agissait pas d'un simple conflit de personnalité qui aurait pu être résolu par mon remplacement. Les causes étaient plus profondes et nous les examinerons plus loin [1].

Le temps de reprendre notre souffle et notre équipe (Alison, April, Dusit, Faby, Geoff, Ian, Luc, Marlou, Sue et Usa auxquels se joint Alex qui sera notre premier secrétaire exécutif) se retrouve en décembre 2004 à Genève pour tenir l'assemblée générale constituante de notre association. Genève est engoncée sous sa fameuse coupole thermique : en rencontrant l'air froid en altitude, les vapeurs d'eaux chaudes du lac Léman forment une épaisse couche de brume à quelques centaines de mètres au-dessus de nos têtes. La vue est bouchée, mais la vision est claire. Notre association s'appellera Constellation. Les étoiles du firmament, ce sont les communautés locales. Elles s'éclairent l'une l'autre pour rendre plus efficaces leurs réponses locales. Nous rêvons que la compétence face au sida se propage plus vite que le VIH. Nous nous inspirerions de nos expériences respectives pour stimuler ces réponses et les accompagner.

La Constellation fonctionnerait comme une boîte de consultants sans but lucratif, et nous avions d'ailleurs baptisé Alex « business manager ». Nous allions former un corps de coaches,

---

1. *Cf.* p. 58.

qui formerait des facilitateurs au sein des communautés ayant la volonté de se prendre en charge face au sida. Nous vendrions nos services aux organisations intéressées (appelé partenaires), à former en leur sein une équipe capable d'utiliser nos outils pour mobiliser les communautés autour d'un rêve commun, faire leur auto-évaluation, agir, mesurer leur changement, faire la synthèse des leçons apprises et la partager avec d'autres[2]. Dès ma démission de l'ONUSIDA en juillet 2004, la Fondation de l'Aga Khan s'était révélée intéressée par la facilitation des réponses locales et, en janvier 2005, nous avons démarré à Mombasa, au Kenya, nos activités de formation de facilitateurs au sein des institutions du réseau de développement de l'Aga Khan constitué de banques, d'hôpitaux, d'écoles coraniques, d'organes de presse, etc.

La Constellation était lancée. Dusit et Usa lui ont ouvert grand les portes de l'université de Chiang Mai où ils enseignaient à la faculté de pédagogie. Cette dernière nous a offert un local pour installer Alex et une assistante qui, avec Marlou restée à Genève, allaient appuyer notre association.

La vision était peut-être claire, mais quel processus précis allions-nous partager et transférer aux communautés intéressées ? Les amis de l'Armée du Salut insistaient sur le développement des capacités humaines sans que nous percevions comment le faire concrètement. Nous étions loin d'avoir mis à profit toute la richesse du savoir-faire de nos amis thaïlandais. Quant à moi, j'étais au départ fasciné par l'auto-évaluation des compétences, par laquelle une communauté fait le point de sa situation face au sida et décide d'agir en utilisant en priorité ses propres ressources. Nous étions cependant d'accord sur un point : au cours de notre interaction avec les communautés,

---

2. *Cf.* p. 91, 99, 107.

nous ne chercherions pas à analyser ses carences et ses besoins pour que « nous » y apportions des solutions. Plutôt, notre dialogue avec les communautés leur permettrait de prendre conscience de leurs propres forces afin de les utiliser et de faire face aux enjeux les concernant.

Progressivement, nous nous sommes unis autour d'une approche commune, dont l'âme est l'appréciation de ses propres forces et de celles d'autrui. Nous appelons cette approche le « développement de la compétence communautaire pour la vie ». Nous verrons comment cette approche permet aux personnes isolées de se réunir autour d'un enjeu commun et de fonder ainsi une communauté. Celle-ci mobilise alors ses propres forces pour générer la vision de la réussite, dégage les pratiques qui lui permettront de réaliser sa vision, analyse elle-même sa propre situation, met en œuvre son plan d'action, évalue ses progrès en utilisant ses moyens de mesure, adapte ses actions et partage son expérience avec d'autres.

Notre conception de la Constellation, comme une boîte de consultants-formateurs qui aident à l'utilisation d'outils, n'a pas résisté longtemps au pouvoir décapant de l'appréciation des forces locales. C'est Sandrine Ruppol qui, la première, a utilisé cet adjectif : décapant. Les facilitateurs congolais appellent Sandrine leur maman, parce que c'est elle qui a permis leur épanouissement lorsque, de 2004 à 2007, elle dirigea en République démocratique du Congo (RDC) un projet de lutte contre le sida financé par la Coopération technique belge.

C'était le 12 mars 2010, lors de la première présentation publique de l'association des facilitateurs congolais, RDC-Compétence. Judith Dialundua, la valeureuse présidente de l'association, donne la parole à Sandrine devant les autorités du pays, les bailleurs de fonds et les ONG internationales. Sandrine n'était pas prévue au programme. Simplement,

Judith voulait par son geste lui témoigner toute la reconnaissance des jeunes facilitateurs congolais.

« Je ne me suis pas préparée à prendre la parole, nous dit Sandrine, je vais donc parler de mon expérience personnelle. Je suis née en RDC, mes parents sont nés au Congo, ainsi que mes grands-parents. Vous pouvez comprendre que, pendant des années, je vous ai vus, vous, mes frères et mes sœurs congolais, au travers de verres épais. Depuis que j'ai changé de regard et appris à apprécier vos forces, ma vision a changé, non, c'est toute ma vie qui a changé, et c'est ce changement de regard qui a servi de décapant. »

Sandrine n'en dira pas plus ce jour-là, mais son expérience rejoint la nôtre.

Chaque jour, quelque part dans le monde, une nouvelle communauté se joint au mouvement ; elle mobilise ses propres forces pour répondre à ses propres enjeux. De Papouasie-Nouvelle-Guinée à la République démocratique du Congo, des communautés reprennent espoir parce qu'elles se rendent compte de leurs propres atouts et nous demandent : « Pourquoi ne venez-vous que maintenant avec cette approche ? » Le dialogue avec ces communautés nous transforme également : nous-mêmes, coaches ou facilitateurs, notre organisation, nos familles, les communautés et les institutions auxquelles nous appartenons. Alors que nous avions l'habitude de nous considérer comme des acteurs de changement chez les autres, nous en sommes devenus les sujets. Nous puisons dans les communautés l'énergie qui nous donne force et espoir. Pour cela, il a fallu accepter, comme Sandrine, le pouvoir décapant qu'a sur nous-mêmes le regard positif que nous portons sur autrui. Mais qu'y a-t-il donc à décaper ? Comment ce décapant agit-il ? Et que faire pour qu'il agisse ? Au fil des pages qui suivent, nous tenterons d'apporter des éléments de réponse.

II

Renoncer au pouvoir de l'argent

Mbudi, en aval de Kinshasa. Le fleuve Congo et ses rapides grondent à deux pas. Ce n'est plus la ville, et ce n'est pas encore tout à fait la campagne. Les habitants du quartier se sont réunis en cercle dans la parcelle d'une association locale de développement. Quelques arbres fruitiers, manguiers, avocatiers offrent de l'ombre. On aperçoit plus loin un modeste bâtiment destiné à l'élevage de porcs. Venu avec des facilitateurs congolais, je suis le seul blanc. La conversation porte sur le rêve de la communauté. Les idées fusent. Il faudrait améliorer l'offre de soins du centre de santé, lancer des projets générateurs de revenus, développer le petit élevage et des jardins potagers, etc.

Une vieille femme prend alors la parole : « Quant à moi, je n'ai plus besoin de rêver ; mon rêve vient de se réaliser. » Nous sommes tous interloqués, et quelqu'un demande à la dame de s'expliquer. « Mais oui, reprend-elle en se tournant dans ma direction, voyez donc ce grand blanc ventripotent aux cheveux argentés ! Avez-vous vu ce gros sac qu'il a posé à ses côtés : je suis certaine qu'il est plein de dollars. Invitons-le à expliquer son projet, et tout ira bien pour nous. »

Kinshasa est malade du paternalisme. Les Kinois nomment cette maladie le *SOPEKA*, acronyme de *« SOmbela ngai, PEsa ngai, KAbela ngai »* qui se traduit « Achète-moi ceci, donne-moi cela, offre-le moi ! »

Les Kinois ont posé le diagnostic, mais la maladie de la dépendance chronique est pandémique ! Ainsi, lorsqu'en 2005 des facilitateurs de la Constellation proposent à un village ougandais de faire le point sur le paludisme et d'agir pour mettre fin à cette maladie, la principale tueuse d'enfants, les villageois leur demandent : « Combien payez-vous ? » Les facilitateurs répondent qu'ils n'ont pas d'argent. Les villageois déclarent alors : « Lorsque les ONG viennent nous sensibiliser sur le sida, il y a toujours de l'argent à la clé. Alors pourquoi pas vous ? Passez votre chemin. » La logique de l'argent est ici poussée à l'absurde : il faudrait payer les communautés pour qu'elles assurent leur propre santé.

Mais d'où vient cette dépendance des communautés ? Elle me paraît être provoquée par une certaine forme de coopération internationale. En 2007, la Constellation a introduit la compétence face au sida dans des communautés de six pays d'Asie et dans des communautés des six pays des Grands Lacs en Afrique. En Asie, la Banque asiatique de développement nous avait fourni une subvention de 50 000 USD par pays pour offrir aux ONG et aux organisations communautaires un accompagnement de deux ans pour introduire l'approche. En Afrique, le secrétariat exécutif de l'Initiative des pays des Grands Lacs contre le sida (GLIA[1]) nous avait recrutés pour introduire l'approche au sein des réseaux de personnes vivant avec le VIH et des transporteurs routiers.

La conception des programmes était similaire, mais il y avait toutefois une différence notable. En Asie, nous avions lancé une invitation à toutes les ONG et organisations communautaires en étant explicites quant à notre offre. Nous serions en mesure d'héberger les participants, mais le budget ne permettrait pas de

1. GLIA : Great Lakes Initiative on Aids.

prendre en charge les frais de transport, ni de payer les participants venus se former. En Afrique, c'est le secrétariat exécutif de la GLIA qui a sélectionné et invité les participants. Ces derniers s'attendaient à recevoir les primes de participation qu'ils avaient pris l'habitude de recevoir lorsque la GLIA les invitait et qu'elle payait avec les fonds de la Banque mondiale : 50 USD par jour pour un événement à Mombassa, tous frais d'hôtel et de transport payés ! Lorsque nous avons dit que le budget ne permettait pas ce genre de paiements, certains ont incité les participants à faire la grève. La tension est montée à son comble et nous ne devons qu'à la sagesse du réseau des personnes vivant avec le VIH du Burundi d'avoir pu mener l'activité. Ces dernières avaient fait savoir qu'elles viendraient car, disaient-elles en substance, « pour une fois que nous avons une formation qui nous sera utile, nous n'allons pas la boycotter ! »

Trois ans plus tard, la différence d'impact des deux approches est manifeste. À la fin de l'appui fourni par la Banque asiatique, au minimum 473 facilitateurs formés avaient accompagné 543 communautés dans le développement de leur propre plan d'action. Dans chacun des six pays, ces facilitateurs ont formé le noyau d'une équipe nationale de facilitateurs, et l'approche se répand de manière autonome en Inde, en Thaïlande, en Indonésie, en Papouasie-Nouvelle-Guinée, au Cambodge et aux Philippines. Sans être négligeable, l'impact du programme dans les pays des Grands Lacs est beaucoup plus modeste.

Hélas, un grand nombre d'actions dites de développement transforment des personnes parfaitement capables de se débrouiller toutes seules en récipiendaires passifs de dons divers. Une première pratique, responsable de cette dérive, est l'organisation de formations à tout va. C'est une des façons simple de débloquer des fonds pour justifier une action dans le domaine du développement. Les participants assistent alors à des formations dont ils n'ont cure, mais qui leur apportent des moyens financiers substantiels. En effet, nous l'avons vu, de nombreuses agences dites de développement rémunèrent les participants qui acceptent de se former ! Ainsi, il n'est pas rare que les cadres de la santé de pays pauvres passent plus de temps dans les formations que dans leurs fonctions. Comme ces paiements journaliers sont appelés *per diem*, les Congolais appellent « perdiemistes » ces chasseurs de primes. Une deuxième pratique installe les gens dans leur statut passif : les bailleurs de fonds paient des sommes importantes au regard du pouvoir d'achat local comme indemnités diverses à des volontaires pour distribuer des intrants, tels que préservatifs, moustiquaires, engrais, etc., ou pour apporter des services, tels que rendre visite à des malades du sida. Il n'est pas rare de trouver plusieurs agents de ce type dépendant de projets divers dans une même communauté. Leur rétribution modifie leur rôle : de volontaires heureux de servir leur communauté, ils deviennent les sans-grade du business du développement. Mais que deviennent-ils lorsque les financements s'arrêtent ? Retrouvent-ils avec plaisir le rôle qu'ils remplissaient auparavant au sein de leur communauté ?

Certains bailleurs ne reculent devant rien et vont même jusqu'à payer des primes aux bénéficiaires potentiels afin qu'ils utilisent les services qu'ils ont mis en place. Par exemple, à Matadi en RDC, un projet de coopération payait les personnes pour qu'elles se présentent au dépistage « volontaire » du VIH ! Inutile de décrire l'impact destructeur d'une telle approche sur l'autonomie des communautés et sur leur capacité de prendre en charge leur destinée ! Et de nouveau, que restera-t-il de tels projets quand les fonds s'arrêteront ?

Dans de nombreux pays, la situation est devenue catastrophique. Par exemple, sur la route de l'Est de la République démocratique du Congo qui serpente de Bukavu à Uvira, le voyageur est accueilli à l'abord de chaque village par une multitude de pancartes portant le logo de telle ou telle organisation : ONG, organismes de coopération bilatérale, Union européenne, organisations des Nations unies, banques de développement. Le voyageur découvre que ces organisations y financent les projets les plus divers : « Élevage de chèvres en étable », « Soutien aux orphelins du sida », « Soutien aux orphelins de guerre », « Prévention de la violence sexuelle sur les femmes », « Réhabilitation des étangs piscicoles », « Réhabilitation du centre de santé », etc. Il y en a tellement que l'on en oublie le nom du village ! Un seul de ces projets injecte probablement plus de fonds dans le village que l'ensemble des revenus que ce dernier génère par ses propres activités. On se demande par quel hasard tel village reçoit tel projet et, surtout, si les villageois trouvent encore l'énergie nécessaire pour s'occuper par eux-mêmes de leurs problèmes ?

Pourquoi ce marketing effréné par les organisations dites de développement ? Ces organisations font partie d'un système plus général, où l'argent est la motivation première. Les diverses agences dites de développement se battent dans les médias pour le portefeuille des décideurs publics et privés. La technique est simple. En gros, c'est toujours le même argument : « Le problème dont je m'occupe est gravissime, beaucoup plus grave que tout autre ! Sans votre aide, nous allons droit à la catastrophe ! » Il faut faire appel à la pitié, à la peur et à la culpabilité, quitte à ne présenter que les faits susceptibles de susciter ces émotions. Par exemple, on mobilisera le public contre les violences sexuelles commises sur les femmes, mais non contre celles commises sur les hommes. Pourtant, si elles sont moindres en nombre, elles n'en sont pas moins tout aussi réelles.

Un autre exemple : je me trouvais un jour en troisième position pour prendre la parole et parler du sida au club des femmes américaines de Genève. Les orateurs précédents avaient tous les deux défendu « leur problème », la malaria et la polio, comme celui qui méritait la plus haute priorité. On m'attendait au tournant ! J'ai simplement dit que je n'entrerais pas dans ce genre de débat, car le monde dispose d'assez de ressources financières et humaines pour venir à bout des trois problèmes, et de bien plus encore.

Sans doute malgré eux, les dirigeants « de la communauté internationale » ont fait du sida une question d'argent. Le problème était exceptionnel, disaient-ils, il fallait donc une levée de fonds exceptionnelle. La réussite se mesurerait en dollars. Rentré à New York après avoir assisté à la conférence internationale sur le sida à Bangkok en 2004, Koffi Annan en résumait l'essentiel à l'intention des journalistes : « Il y a sans cesse plus de malades, il nous faut plus d'argent. » Le mal était là. Plutôt que de projeter une vision de la réussite et de rallier toutes les forces vives pour la réaliser, la priorité de la conférence était de lever les fonds nécessaires pour assurer l'accès aux anti-rétro-viraux. Alors, peut-être inconsciemment, ignore-t-on les bonnes nouvelles. Voilà pourquoi les 14 000 participants à la Conférence sur le Sida sont repartis de Bangkok sans savoir que la Thaïlande du Nord était en train de maîtriser l'épidémie. Il fallait d'urgence les fonds. L'engagement des communautés face au sida pouvait attendre.

Dans ce monde où l'argent prime, le critère d'évaluation principal des programmes et des projets devient le taux de déboursement des fonds alloués à tel et tel projet. Un bon projet dépense les fonds comme prévu ; un mauvais projet le fait avec beaucoup de retard. Tout au plus se pose-t-on la question de savoir si la distribution d'objets (préservatifs, médicaments, moustiquaires) s'est déroulée comme prévu. Quant à savoir si le projet a permis aux « bénéficiaires » d'améliorer leur sort de manière substantielle et durable, cette question est tout simplement passée à la trappe. Ainsi, tant la Banque mondiale que le Fonds mondial se satisfont-ils de mesurer dans quelle proportion les fonds sont décaissés et les matériels et les services fournis. Ces institutions ne sont pas capables de mesurer l'impact des sommes importantes qu'elles décaissent. Les ONG qui collaborent avec ces institutions n'ont souvent pas d'autre choix que de se limiter à cette vue étriquée du développement.

Il n'est donc pas surprenant que notre premier contact avec une communauté tourne souvent autour de l'argent. Les gens se disent : « S'ils viennent nous rendre visite, c'est qu'ils ont un projet à nous proposer. Voyons de quoi il s'agit, et ce que nous pouvons en tirer ! »

Antoine Saka Saka est un des premiers facilitateurs en RDC. Un jour, il se rend avec Mike Nzenga à l'invitation de la communauté de Barambo à Isiro, dans la Province orientale. Comme souvent, les participants posent d'emblée la question des *per diem* ou des indemnités. Lorsqu'Antoine répond qu'il n'en dispose pas, et qu'il n'a pas avec lui une cassette à financer des projets, les participants se renfrognent et pensent qu'ils vont perdre leur temps. Antoine explique que Mike et lui n'ont d'autre propos que de les accompagner dans les actions qu'ils peuvent entreprendre par eux-mêmes pour faire face au sida. À part peut-être quelques désistements, les gens décident de participer malgré tout.

À la fin de la semaine, le doyen des participants prend la parole : « Professeur, nous devons vous présenter nos excuses. Les exigences que nous vous avons posées au début de notre atelier sont contraires à nos coutumes. Merci de nous avoir permis de comprendre que c'est à nous d'agir face au sida. Selon notre tradition, nous devrions plutôt vous offrir une chèvre pour vous remercier pour tout ce que nous avons compris grâce à vous. Un tel cadeau risque cependant de vous poser un problème dans l'avion du retour. Alors, pour vous souhaiter bonne route, nous vous offrons à chacun une chemise. »

Antoine me l'a fièrement montrée, sa chemise !

Qu'est-ce qui permet aux facilitateurs de résister aux pressions de communautés et des bailleurs de fonds ? Vous l'aurez compris, c'est notre foi inébranlable dans les forces des communautés et dans celles de chacun d'entre nous. Je me vois encore sous le gigantesque ficus du parking de l'hôtel Estoril à Kinshasa. Je suis sur le point de rentrer à Bruxelles et Éric, un des animateurs de RDCCompétence, notre organisation membre en RDC, me dit au revoir. Le moment n'est pas facile car le projet de la Coopération belge qui finançait la facilitation des réponses locales au sida en RDC va bientôt se clôturer et les jeunes facilitateurs se retrouvent à nouveau sans moyens de subsistance. Éric me regarde droit dans les yeux. « Nous allons traverser une passe difficile, mais nous continuerons, je te le promets. » Un an plus tard, j'assiste à leur assemblée générale. Les facilitateurs font un rapport de leurs activités. Sans financement, ils avaient non seulement tenu le coup, mais ils les avaient développées ; chaque semaine, ils répondent à des invitations de communautés de Kinshasa soucieuses d'agir face au sida.

En 2003, cinq ans plus tôt, Éric faisait partie de la délégation congolaise qui devait venir à Lyon pour partager l'expérience de Kinshasa avec onze autres villes à la réunion d'échange organisée par notre équipe d'ONUSIDA alors logée à l'UNITAR (Institut des Nations unies pour la formation et la recherche). Kinshasa, comme les autres villes, avait fait l'auto-évaluation de sa compétence face au sida, et la délégation était enthousiaste à la perspective d'échanger son expérience avec les habitants d'autres villes. Le consulat de France en a décidé autrement. Pensez-vous, une délégation composée d'un médecin (passe encore), mais d'un jeune chômeur, d'une prostituée et d'une malade du sida ? « Désolée, dit la préposée, mais pour une telle réunion, nous exigeons un passeport diplomatique ! »

Imaginez la tête de la dame lorsque, 48 heures plus tard, la délégation se présente au complet avec des passeports diplomatiques en bonne et due forme ! « Revenez mardi, car lundi c'est férié en France et le consulat est fermé. » Nos amis reviennent le mardi. « Je regrette, dit la dame, mais si vous prenez l'avion ce soir, vous arriverez trop tard pour l'ouverture de la réunion. Dans ces conditions, nous ne pouvons vous octroyer de visa ! »

Qu'à cela ne tienne, nous organisons une téléconférence pour permettre à Kinshasa de rester dans le coup. Éric et son équipe apprécient l'approche que nous proposons. Avec ses amis pairs éducateurs, jeunes universitaires en fin d'études ou chômeurs, il se met à faciliter des auto-évaluations dans les quartiers de Kinshasa. Au début, tout va bien, leur projet progresse, et deux agences des Nations unies les soutiennent dans leur démarche. Cela se gâte lorsque l'une de ces agences rompt un accord avec Éric et son équipe : pas de distribution de teeshirts avec le logo des Nations unies. Pourquoi cette demande ? Parce que les membres des communautés voyant ces logos flaireraient l'argent et exigeraient leur part du magot. Aussi lorsqu'une agence se met à distribuer des teeshirts qui portent son logo, la confiance est rompue et les amis continuent seuls. Sandrine les recrutera en 2006 pour l'aider dans son projet de coopération belge contre le sida et me remettra en contact avec eux.

En 2011, Éric, devenu le secrétaire exécutif de RDC-Compétence, Judith, sa valeureuse présidente, Mike, Mamy, Toussaint, Alain et Antoine et tant d'autres amis servent une association d'un millier de facilitateurs congolais.

Comment, nous demande-t-on, faites-vous pour trouver toutes ces personnes merveilleuses qui font partie de la Constellation ? Pourtant, la Constellation est faite de personnes ordinaires. Peut-être le secret est-il dans la découverte et l'épanouissement de ce qu'il y a de merveilleux dans chacun d'entre nous ? Parce que nous renonçons à utiliser l'argent comme moteur principal de notre activité, notre regard se porte plus naturellement sur les forces d'autrui. Aujourd'hui, les agences de développement peuvent être comparées à des entreprises dont les bailleurs sont les dirigeants et les membres des communautés les travailleurs.

Est-il permis de rêver à un système dans lequel chacun aurait l'opportunité d'utiliser ses dons pour réaliser sa propre vision de la réussite ? Pour cela, il faudrait renoncer à se protéger derrière l'armure de son expertise, qu'elle soit réelle ou prétendue. Voyons cela dans les pages suivantes.

III

Quitter les habits de l'expert

D'accord, me direz-vous, vous n'apportez pas d'argent. Donc vous enseignez sur le sida, c'est bien ça ? Pas tout à fait. Toussaint Mukalavi, facilitateur de RDCCompétence, le raconte très bien. « Avant la Constellation, quand j'étais pair éducateur, voici ce que je faisais : au jour dit, je me rends dans une communauté où je suis accueilli comme expert. Installé à la haute table, je déballe mes trucs et je commence mon discours. Pan, pan, pan, voilà comment on attrape le VIH ; pan, pan, pan, voilà comment on ne l'attrape pas. Pan, pan, pan, voilà ce que vous devez faire pour l'éviter. Vient ensuite le temps des questions auxquelles je réponds. Puis j'emballe mes affaires et je m'en vais, jusqu'à la prochaine séance. Qu'est-ce qui se passe entre-temps ? Rien du tout. Maintenant, c'est différent : je viens en ami, je m'installe et c'est moi qui pose les questions. Je parle moins, les gens racontent ce qu'ils ont fait depuis la dernière fois et j'écoute. » Que font donc ces communautés ? Elles s'informent, se lèvent en masse pour connaître leur statut sérologique, accueillent les familles affectées par le sida... Alain Dibakanga, un autre facilitateur de Kinshasa, résume : « Avant, j'étais comme une radio. Maintenant, je suis comme un enregistreur. »

Quitter son habit d'expert pour développer une relation d'égal à égal avec les personnes visitées, cela paraît simple, mais c'est loin de l'être ! Rendons-nous à Port Moresby, capitale de la Papouasie-Nouvelle-Guinée. Violence, drogue, alcoolisme y font le lit du sida. Nous rendons visite à une famille qui habite dans un village sur le point d'être entouré du tissu urbain de la capitale. Une petite rivière bordée d'arbres sépare le village d'une belle colline inhabitée. Nous nous asseyons à même le sol avec le couple qui nous reçoit et nous nous présentons. J'accompagne un pasteur et une dame qui habite non loin. Tous deux font partie d'associations formées à l'approche pour la compétence grâce à la subvention de la Banque asiatique de développement[1]. Nous évitons de nous donner des titres ronflants. Quand mon tour arrive, je commence ainsi : « Je viens de Belgique, j'ai quatre enfants et j'aurai bientôt un cinquième petit-enfant », et je continue ma présentation. Lorsqu'elle est terminée, le pasteur cherche un moyen de poursuivre la conversation. Le silence s'installe. Je le vois réfléchir. Que dire sans passer pour un expert ou un enquêteur ? Puis soudain, il prend la parole : « Quels sont vos problèmes dans ce village ? » Aïe, me dis-je, cela ne démarre pas trop bien. En effet, les questions qu'il pose évoquent tous les clichés, et le couple donne toutes les réponses attendues. « Oui, ici les hommes battent leurs femmes, les jeunes filles se prostituent, les jeunes gens se droguent et violent... que voulez-vous, c'est la faute à la pauvreté ! »

Le moral est réduit à zéro. Il est temps d'intervenir :

« – À qui cette belle colline appartient-elle ? dis-je en la montrant du doigt.

– Elle appartient à notre famille, répond le maître de céans.

– Et les beaux jardins potagers que je devine le long de la rivière ?

– Oui, répond notre hôte, tout cela est à nous.

– Mais vous êtes plus riches que moi ! Pourquoi parlez-vous de pauvreté ? »

1. *Cf.* p. 30.

Notre hôte est tout sourire et nous poursuivons la conversation en explorant ses projets d'avenir. Il est malheureusement temps de nous séparer et notre homme nous invite à revenir, ce que nous ferons dès le lendemain, accompagnés, cette fois, de la femme et la fille du pasteur. N'ayant pas pu dormir de la nuit, il avait expliqué à sa femme qu'il lui était arrivé quelque chose de merveilleux et elle a décidé de se joindre à nous.

Les participants à notre atelier de Port Moresby nous demandent : « Comment se rendre dans une communauté sans protocole, sans questionnaire, sans d'emblée chercher à identifier des besoins ? » Je suggère : « Imaginons que nous nous rendions chez les futurs beaux-parents de votre fille. Notre conversation portera alors sur les sujets de fierté de cette famille et non sur ses faiblesses. Laissons les réels soucis apparaître au fil de la conversation. »

Hélène, pionnière de la lutte contre le sida en Papouasie-Nouvelle-Guinée, avait rendu visite à une autre famille : elle non plus n'a pas fermé l'œil de la nuit, nous dit-elle. Malgré sa fragilité, on sent sa détermination. « Cela fait vingt ans que je sillonne les villages pour sensibiliser mes concitoyens au sida. Suite à la visite d'hier, je me rends compte que j'ai perdu mon temps. Ce n'est pas grave, car je vois maintenant comment m'y prendre. »

Hélas, Hélène décèdera six mois plus tard.

Combien d'énergie perdue ! Des Toussaint, des Alain, des Hélène, il y en a des centaines de milliers si ce n'est des millions de par le monde. Ils ont reçu quelque connaissance d'un autre pair éducateur situé un peu plus haut dans la hiérarchie administrative de leur pays, qui, lui-même, a été formé par des formateurs nationaux. Ces derniers ont sans doute eu les honneurs d'une session formelle de « formation de formateurs » en salle de classe ou dans le salon d'un hôtel de la capitale, assortie de *per diem* et autres « motivations ». On appelle cela la formation en cascade. Le problème, c'est que plus on se rapproche du terrain, plus le nombre de personnes à former augmente et leur « motivation » pèse d'autant plus lourd sur les budgets. Comme le projet a des ressources limitées, la durée de la formation se raccourcit. On ne s'étonnera pas que le contenu de la formation aille lui aussi en s'amenuisant au fur et à mesure de la progression de la cascade. Il arrive d'ailleurs que la cascade s'assèche par manque de fonds avant même que les pairs éducateurs du terrain soient atteints.

Quelle que soit la maigreur du contenu de ce type d'éducation, le pair éducateur est bien obligé de s'y accrocher. Par conséquence, il prend ses distances par rapport à la communauté de ses pairs. Il devient un expert ! Il assène les vérités qu'il vient d'apprendre, assorties de conseils sans cesse répétés. Si une question vient à être posée dont ils ignorent la réponse, rares seront ceux qui l'admettront. José Nkurikiye de l'Alliance burundaise contre le sida, fait partie de ceux qui ont eu le courage de reconnaître leur ignorance. Il raconte comment il est devenu l'élève des prostituées à Dar-es-Salaam :

« J'ai travaillé pendant des années dans la prévention du VIH au sein de la filière café. Tous les hauts cadres de la filière café étaient considérés comme des experts, dont moi. C'est nous qui expliquions aux autres travailleurs comment faire face au VIH, sans aucune compétence technique prouvée, juste en se basant sur quelques documents de prévention. Nous avons même été jusqu'à enseigner la prise en charge des malades, alors que nous n'avions pas l'expérience personnelle dans cette matière. Un jour, en 2007, j'ai rendu visite à une communauté d'anciennes professionnelles du sexe, porteuse du VIH, au marché à Dar-es-Salaam. Comme d'habitude, on se présentait en qualité d'expert. Mais après quelques minutes la glace a fondu. Les femmes ont commencé à nous relater leurs expériences avec leur infection. En 30 minutes, nous étions devenus des élèves. Tout ce que l'on recommandait était le contraire de ce qu'il fallait faire. Par exemple, je pensais qu'une fois que l'on était infecté par le VIH, il était indispensable de prendre des antirétroviraux (ARV). »

« Nous maintenons une hygiène de vie saine afin de pouvoir retarder le moment où on commence à prendre les ARV », racontaient les femmes. « L'échange était tellement profond, que l'on a même avoué notre inexpérience. Cela m'a transformé jusqu'à aujourd'hui. La réponse n'est pas dans les laboratoires, c'est dans les communautés, ce qui m'a poussé à rejoindre l'équipe de la Constellation au Burundi afin de récolter le plus d'expériences à transmettre. »

À certains endroits, les séances sont tellement répétitives que les communautés n'en veulent plus. En 2000, des communautés de Mazabuka en Zambie l'ont fait savoir aux pairs éducateurs d'ONG de passage. « Vous venez nous sensibiliser sur le sida ? Passez donc votre chemin. Ici, nous vous avons suffisamment entendus. Laissez-nous mourir en paix. »

Pour comprendre comment nous en sommes arrivés là, il faut remonter au sommet et avoir conscience de l'influence démesurée de l'expert sur les politiques et les programmes. Rendons-nous à Durban, en 2000, à la Conférence mondiale sur le sida. La salle est comble car Jeffrey Sachs va faire une annonce importante. Économiste prestigieux de l'Université de Columbia à New York, Jeffrey Sachs est connu pour les conseils économiques qu'il a donnés lors de la désintégration de l'Union soviétique. Pour lui, c'était simple : il suffisait de libéraliser l'économie et tout irait bien ! L'économie libéralisée est tombée dans les mains d'anciens du régime qui ont construit une énorme ploutocratie[2]. Jeffrey Sachs s'est reconverti dans le développement, mû par une sincère volonté de soulager la souffrance et doué d'un pouvoir remarquable de simplification des

2. Système de pouvoir basé sur les ressources financières.

concepts les plus complexes. Ses dons de tribun et sa passion pour le développement lui ont valu de devenir envoyé spécial du secrétaire général des Nations unies. Il les démontre encore ce jour-là à Durban. Que dit-il en substance ?

« Arrêtons ces bureaucraties galopantes servies par les seigneurs de la pauvreté que sont les fonctionnaires des Banques de développement ! Tout ce qu'ils parviennent à concevoir, ce sont des usines à gaz sans réel impact ! Simplifions tout cela, voulez-vous ? Donnons la voix aux pays et laissons-les développer leurs projets eux-mêmes ! Puis, installons un comité des meilleurs experts du monde qui reverront ces projets en toute objectivité et allouons l'aide aux meilleurs projets ! C'est tout simple ! »

Toute la salle se lève comme un seul homme. Les applaudissements n'en finissent pas ! Enfin, la voilà la solution !

Je reste assis et la tristesse m'envahit. Comment des experts, même les meilleurs, allaient-ils juger à partir de Genève de projets impliquant des sommes colossales à octroyer à des pays où ils n'avaient jamais mis les pieds ? Neuf ans après sa création en 2002, le Fonds mondial contre le sida, le paludisme et la tuberculose paie cher cette erreur de conception initiale. De nombreux dons sont suspendus pour cause de corruption au sein des agences d'exécution. En même temps, les procédures se sont compliquées au point de devenir intolérables. En 2007, les ONG récipiendaires de la RDC devaient suivre un cadre budgétaire qui comportait plus de 2 000 lignes ! Quant aux salaires du Fonds mondial, ils se sont gentiment alignés sur ceux des autres fonctionnaires internationaux...

Il n'y a pas si longtemps, le souverain s'entourait d'un conseil de sages. Leur sagesse venait de leur expérience de la vie. Aujourd'hui le politique s'entoure d'experts, et se laisse fasciner par leur discours. Bien sûr, l'expert se targuera de baser ses recommandations sur les faits et sur des données probantes. Cela s'appelle en anglais – et cela sonne bien – *evidence-based policy*. Toutefois, ce que l'expert ne dit pas, c'est que « faire des sciences, c'est se donner une représentation simplifiée et réductrice de la complexité du monde. » Son expertise porte donc sur une portion bien étroite de la réalité. Les faits qu'il ne peut intégrer dans cette vision étriquée du réel sont tout simplement ignorés. Ainsi, dix ans après la publication des faits concernant le recul de l'épidémie en Thaïlande du Nord, en Ouganda et au Brésil, l'ONUSIDA ne s'est toujours pas servi de ces faits pour adapter ses orientations stratégiques. En revanche, personne ne semble avoir besoin d'évidence pour maintenir le *statu quo*.

Que le chercheur communique ses découvertes, voilà qui est normal. Là où cela ne va plus, c'est quand les experts abusent de leur statut pour tenter de diriger les communautés et les personnes qui les composent dans des domaines où ils n'ont d'autre connaissance que celle issue de leur propre expérience humaine. Deux des trois premiers dirigeants de la lutte contre le sida dans le monde étaient des chercheurs respectés. Jonathan Mann a fondé le GPA (Global Programme on Aids), programme mondial qu'il a dirigé à l'OMS de 1986 à 1989. Il avait mené à l'hôpital Mama Yemo de Kinshasa les premières recherches sur le VIH en Afrique. Peter Piot a dirigé l'ONUSIDA, qui a remplacé le GPA, de 1995 à 2008. Il avait en 1976 participé à l'enquête épidémiologique sur la fièvre Ebola et depuis avait orienté ses recherches sur le Chlamydia qui provoque des infections génitales. Lorsque le sida a fait son apparition au début des années 1980, c'est Peter Piot qui a averti le monde de la présence en Afrique d'un grand nombre de malades.

Selon leur vision du monde, ces scientifiques étaient responsables de la lutte et partageaient cette responsabilité avec les États. Ils ont tout simplement ignoré la responsabilité des personnes, des familles et des communautés ; ils ne pouvaient les envisager comme ressources essentielles pour répondre au défi posé par cette nouvelle pandémie. Ils considéraient les personnes comme des cibles passives à atteindre par leur propagande et par leurs services.

Bien sûr, leurs messages transmettaient leur propre vision du monde et surtout, leur peu de confiance quant à la faculté de la population à adapter son comportement sexuel. C'est ainsi que les premières campagnes dites de sensibilisation ont visé à effrayer la population. « Changez tout de suite, sinon c'est la mort assurée ! » C'était à peu près le message. Évidemment, lorsque des malades apparurent en nombre croissant dans leurs communautés, les personnes ont pris peur et les ont rejetés.

Mais il y a plus grave : les autorités du programme ont délibérément mis l'étouffoir sur des faits scientifiques qui ne convenaient pas dans le cadre de leurs campagnes. Ainsi, puisqu'il fallait propager la peur de l'infection au VIH, les campagnes dites d'IEC (Information, Éducation, Communication) n'ont jamais informé le grand public du fait que, sauf dans les premières semaines qui suivent la contamination, le VIH ne se transmet que très faiblement au cours d'un rapport hétérosexuel entre deux adultes sains. Savez-vous que dans ces conditions la probabilité de transmission du VIH est de l'ordre de 1 sur 500 ? De quel droit des autorités scientifiques taisent-elles certains faits qui les dérangent dans leur vue du monde ?

Un autre exemple « d'abus de savoir » : la transmission du VIH par les injections a été volontairement exagérée afin d'encourager les services de santé à veiller à la stérilité des injections. Ces recommandations se basaient sur une étude rétrospective conduite à l'hôpital Mama Yemo qui démontrait que les enfants séropositifs avaient reçu plus d'injections que les enfants séronégatifs. Évidemment, puisqu'ils étaient malades du sida, la probabilité qu'ils se fassent soigner par toutes sortes d'injections était plus élevée que celle du groupe témoin. Cela ne voulait pas dire qu'ils avaient acquis le VIH par les injections. Dans la grande majorité des cas, leur mère leur avait sans doute transmis le VIH au cours de la grossesse, lors de l'accouchement ou lors de l'allaitement ! En fait, seules les injections intraveineuses entraînent un risque important d'infection au VIH. Ce pieu mensonge n'est pas inoffensif. En effet, les gens se cachent derrière le risque d'infection par les injections pour ne pas débattre de l'essentiel : la transmission du VIH par l'acte sexuel.

Comme les autorités se baignent dans l'illusion d'un contrôle de la propagation du virus, ils ignorent le rôle essentiel de l'individu, de la famille et de la communauté dans la lutte. Ils choisissent de cibler le public avec des programmes de propagande plutôt que de l'informer pour qu'il puisse faire ses choix en toute connaissance de cause. Il n'est donc pas surprenant que ce dernier reste dans l'ignorance des faits essentiels. Lorsque l'on m'invite à enseigner sur le sida en Belgique, j'ai l'habitude de commencer par un petit concours sur le mode de : « Qui veut gagner des millions ? » J'y pose dix questions à choix multiples sur le sida. Les questions portent sur les faits que nous devons connaître pour pouvoir prendre nos décisions de vie en connaissance de cause.

Rares sont les étudiants qui répondent correctement à plus de la moitié des questions. Ils ne connaissent ni la probabilité d'acquérir l'infection lors d'un seul contact hétérosexuel (de l'ordre de deux chances sur mille), ni les facteurs qui augmentent cette probabilité (les premières semaines de l'infection par le VIH, la prématurité sexuelle des toutes jeunes filles, la présence d'autres infections sexuellement transmises (MST) et, pour l'homme, la non-circoncision). Ils ne savent pas que la personne infectée a une chance sur deux de vivre sans symptômes pendant huit ans avant de développer le sida. Ils méconnaissent enfin que les femmes séropositives ont deux chances sur trois de mettre au monde un enfant sain.

Sur le terrain, les conséquences de ces choix sont évidentes. Comme à l'unisson, les gens diront : « Nous entendons parler du sida, mais nos connaissances sont trop superficielles. » À Kinshasa cela donne : *« Toyokaka, kasi toyebi yango likolo likolo. »* Cette réponse est tellement fréquente que l'on ne s'en étonne même plus. Rarissimes sont les communautés qui disent en savoir suffisamment sur le sida pour agir par elles-mêmes. Ce n'est pas très différent quand il s'agit du paludisme. Les communautés auront quelques notions de l'une ou l'autre stratégie de lutte : peut-être connaîtront-elles le schéma de traitement à donner aux enfants en cas de fièvre, ou celui à suivre pour la prévention du paludisme en cas de grossesse, ou encore, l'utilisation correcte des moustiquaires imprégnées d'insecticide.

En effet, dans beaucoup de pays, le savoir des communautés dépendra du hasard de leur sélection par les ONG et les coopérations, et de ce que ces dernières veulent bien leur dire quant aux moyens de lutte contre le fléau. Rares sont les organisations qui offrent aux communautés l'ensemble des services qui permettront de réduire la mortalité et la morbidité par le paludisme. Telle ONG fournira des médicaments aux femmes enceintes pour prévenir le palu, mais ne mettra pas à disposition de moustiquaire. Telle autre organisation se limitera à distribuer des moustiquaires, sans fournir de médicaments... Comment les facilitateurs de la Constellation allaient-ils répondre à ces communautés qui estiment ne pas en savoir assez pour agir ? Allions-nous nous ériger à notre tour en experts et nous substituer aux sources existantes d'information ? Allions-nous entretenir une relation asymétrique, entre dominant et dominé, cette fois non pas sur la base de l'argent, mais sur la base de nos connaissances scientifiques ?

Nous avons choisi une autre voie, celle qui consiste à stimuler la conversation au sein du groupe, car souvent des membres de la communauté ont au moins une partie des réponses aux questions posées. Rien ne nous empêche par ailleurs de partager les faits que chacun d'entre nous devrait connaître. Cependant, nous ne nous érigeons jamais en professeur devant ses élèves, et si une communauté veut en savoir plus, nous la mettons en contact avec la source d'information spécialisée la plus proche : le centre de santé, le centre de dépistage, tel ou tel projet de développement.

Quand il s'agit de comprendre les réponses locales aux grands enjeux tels que le sida, le paludisme ou la vie en paix, nous en sommes à nos premiers balbutiements. Nous avons donc choisi de nous présenter en personnes humaines avides d'apprendre de l'expérience de la communauté avec laquelle nous entrons en relation. Il ne s'agit pas là d'un jeu de rôle ! Parce que notre regard est appréciatif, nous découvrons dans chaque communauté des forces et des façons de faire dont nous pouvons apprendre. Nos questions viseront à mettre en évidence les forces de la communauté : sa capacité de rêver, de changer, de partager, de développer sa solidarité face à l'épreuve. Bientôt il n'y a plus de « eux » et « nous », plus de visiteurs et de visités, mais un cercle de personnes qui cherchent à explorer ensemble comment agir face à un défi commun. Il n'y a plus d'enseignant et d'apprenant. Chacun enseigne et chacun apprend.

Évidemment, la communauté qui invite notre équipe pour la première fois ne s'attend pas du tout à ce genre de conversation. Lors d'une première visite, elle a souvent arrangé le lieu en salle de classe. D'ailleurs, les prostituées du Camp Tshel à Matadi nous ont accueillis de la même manière ce beau dimanche matin. Matadi signifie pierre en kikongo : la ville est construite sur le roc, taillé par le puissant fleuve Congo que l'on aperçoit en contrebas. Je craignais rendre visite à un bidonville fait de cabanes sordides. Au contraire, le lieu est propret ; les maisons peintes en blanc, des manguiers, des palmiers et des bougainvilliers se sont frayé un chemin à travers les rochers. Des hommes et des femmes, vivant dans le camp, nous accueillent avec le sourire.

Manifestement, tout le monde s'attendait à une énième séance de sensibilisation et les lieux sont organisés en conséquence. Sous l'ombre d'un manguier, la haute table couverte de la plus belle nappe disponible et rehaussée d'un bouquet de fleurs. Plus bas, des chaises sont alignées comme à l'école, en plein soleil. La séance pouvait donc commencer. Sans doute, pensaient-elles que nous allions-nous sortir de nos sacs un pénis en bois sur lequel nous ferions une démonstration d'utilisation d'un préservatif ?

Antoine Saka Saka (il n'avait pas encore reçu sa chemise !) et moi nous concertons avec un des membres de l'équipe qui connaissait les lieux et leurs habitants. J'en profite pour lui demander s'il serait possible d'installer les sièges en cercle afin d'alterner hôtes et visiteurs, sans bien sûr froisser personne. Il acquiesce et nous nous entraidons pour disposer les chaises en cercle. Puis vient le temps des présentations : chacun le fait à sa voisine et vice-versa en précisant d'où nous venons ; nous partageons nos rêves et nos préoccupations, nous disons ce que nous aimons faire dans la vie ! Une joyeuse conversation s'ensuit[3].

Il faut donc résister à la facilité. C'est si aisé d'aller s'installer à la haute table et de jouer les autorités !

Antoine Saka Saka aime à nous rappeler : « Le vieil homme dort toujours en nous ; il peut se réveiller à tout moment ! » Mais lorsqu'on a goûté au bonheur du partage, lorsqu'on a fait le choix d'apprécier les forces de chaque personne, de chaque famille, de chaque communauté, l'envie a disparu de revêtir les vieux oripeaux de l'expert !

Alors on se prend à rêver d'un monde où l'expert aurait la modestie de reconnaître ses limites, et où chaque communauté pourrait agir en connaissance de cause.

---

3. Nous y reviendrons plus loin.

IV

Adieu nos certitudes !

Renoncer au pouvoir de l'argent et quitter les habits de l'expert : cela ne nous paraît pas trop difficile pour la majorité d'entre nous. Après tout, qui se considère suffisamment riche pour en tirer quelque pouvoir ? N'est-ce pas une minorité d'entre nous ? Et ceux qui se considèrent comme experts ne courent pas les rues non plus. Mais ce n'est pas tout ! Le regard positif sur autrui, dont parlait Sandrine [1], décape des idées bien plus ancrées dans notre vie de tous les jours.

Bienvenue chez Khun Pimjai. La belle Thaïlandaise nous accueille avec le sourire dans le centre communautaire qu'elle a créé à côté du lieu de crémation de Hua Rim à San Patong près de Chiang Mai. Elle nous installe sur des bancs en ciment non loin du four crématoire. Chaque année, depuis trois ou quatre ans, la Constellation invite qui le souhaite à une semaine de visite d'appréciation des forces des communautés du nord de la Thaïlande. Cette fois, Pimjai est notre dernière hôte. Au début de la semaine, certains visiteurs ont exprimé leur malaise : « Qu'allons-nous apporter aux communautés qui vont sacrifier une demi-journée pour nous recevoir ? » Nous avons maintenu qu'à part une participation aux frais des rafraichissements, nous n'apporterions rien de matériel à la visite.

---

1. *Cf.* p. 27.

Pimjai vit avec le VIH depuis 18 ans maintenant. Au début, il fallait se cacher, car la discrimination était terrible. Son père, agent de santé de village, lui a permis de réunir, dans l'abri réservé aux séances d'éducation sanitaire, des personnes qui étaient dans la même situation qu'elle. Petit à petit, les villageois se sont rendus à la raison lorsqu'ils ont compris que, loin d'écarter Pimjai, son père, leur agent de santé, la soutenait. Ainsi, le groupe est sorti de l'anonymat et a pu recevoir une aide de l'Agence de coopération du Japon (JICA) pour produire des ours en peluche destinés à l'exportation. Bien sûr, c'était important d'avoir quelques revenus mais, il y a quinze ans, c'était encore plus important de se retrouver pour se soutenir moralement et s'entraider dans les tâches de la vie quotidienne car, à cette époque, l'espérance de vie des personnes atteintes du sida ne dépassait pas deux ans...

Pimjai nous explique qu'elle se soumet à une discipline de fer pour retarder l'apparition des symptômes de la maladie. Vers quatre heures du matin, elle entame sa journée par une séance de méditation, assise sur un des murs du four crématoire. Ensuite, jogging de dix kilomètres ! Au fil du temps, d'autres personnes du village se sont intéressées aux activités du centre et se sont mises à y travailler. Les revenus augmentaient et il fallait savoir les gérer. Pimjai et quelques personnes de son groupe sont allées dans le sud de la Thaïlande pour apprendre comment monter une coopérative d'épargne et de crédit.

Progressivement, tout le village participe à la coopérative. Pimjai explique que les membres ont décidé de se passer des bailleurs de fonds, car les procédures sont trop longues, trop coûteuses et incertaines ! Au bout de quelques mois, les fonds de la coopérative sont suffisants pour investir dans des équipements collectifs choisis par les villageois. Ces derniers ont tellement confiance en Pimjai qu'ils l'encouragent à se présenter aux élections parlementaires.

« Je ne me suis pas présentée, dit Pimjai, car selon la constitution j'aurais dû terminer mon cycle d'études primaires pour pouvoir le faire... Il y a quelque temps, à la fin de mon discours lors de la Conférence de Vancouver sur le sida, quelqu'un m'a demandé si j'étais médecin. Je lui ai répondu que, lorsque j'ai été infectée par le VIH, j'exerçais le métier de maçon ! »

À la fin de la séance, les visiteurs remercient Pimjai et lui disent combien son histoire les a inspirés. « Oui, répond Pimjai, c'est ce que beaucoup de visiteurs me disent à la fin de notre conversation. Mais, si vous voulez vraiment me remercier, dites-moi, dans quelque temps, ce que vous aurez fait de cette inspiration chez vous dans votre pays ! » Plus personne n'a posé la question des dons aux communautés visitées : il était clair que les termes des échanges n'étaient pas matériels et, à leur retour, plusieurs visiteurs se sont mis à apprécier les forces de leurs collègues.

Malgré les apparences, l'histoire de Pimjai n'est pas exceptionnelle. La place fait défaut pour raconter les histoires des personnes qui utilisent leurs propres moyens, leurs atouts, leurs forces pour rassembler leur communauté, l'inspirer et la conduire à agir face aux défis qui se présentent à elle. Mais avons-nous encore des yeux pour voir, des oreilles pour entendre et un cœur pour apprécier ce qui se passe de bien dans le monde ? Et, si tel est le cas, que faisons-nous de ce que nous apprenons auprès des communautés que nous apprécions ?

Un soir, j'arrive avec Geoff chez mon ami Suwat. Suwat est technicien sanitaire et économiste de formation, mais, surtout, il pratique le bouddhisme avec ferveur. Vers 1996, il a décidé de vivre à Ban Tom Nai, le dernier village avant la forêt à 12 km au sud de Phayao. Chez Suwat, pas d'internet, pas de téléphone mobile, qui « lui mangeraient le temps de la vie » comme il dit ! Mais une lumière splendide baigne le terrain que la communauté lui a donné. C'est là qu'au fur et à mesure des années, il crée « Ban Sen Tamachat », le centre consacré à la lumière et à la nature. Il y accueille des malades du sida qui viennent vivre au contact de la nature et méditer s'ils le souhaitent. Toute la région aide Suwat, et petit à petit des temples magnifiques naissent de son imagination et du travail de nombreux volontaires. Rapidement, Suwat est reconnu pour ses conseils et, aujourd'hui, les gens des environs l'appellent Ajarn, maître. Bon nombre de personnes viennent passer du temps chez lui tout simplement pour se ressourcer, et je ne rate pas une occasion de le faire !

À peine Geoff et moi sommes-nous descendus de notre voiture, que Suwat nous invite : « Voulez-vous vous rendre au temple du village d'à côté ? Tout le monde y est réuni pour discuter du problème de la drogue. » Nous acceptons, bien sûr. Tout le village est présent : hommes, femmes, jeunes et vieux, usagers et vendeurs de drogues, policiers, responsables de l'administration. Toutes les personnes discutent, et le village arrête ensemble un plan d'action pour cesser la vente de drogue au village. Geoff en sort tout retourné : « Impossible de tenir une telle réunion en Angleterre ! » Pourquoi une telle réunion, évidente en soi, paraît-elle impossible à tenir en Angleterre ? Serions-nous, Européens, trop développés pour entreprendre une telle démarche ?

Lorsque Louis Michel, homme politique belge, est devenu commissaire au développement à l'Union européenne, il a invité son président, José Manuel Barroso, à Jodoigne, petite ville du Brabant Wallon, dont il a été le bourgmestre (le maire, en Belgique). Le soir, les deux hommes tiennent une réunion dans la salle comble de l'hôtel de ville. Barroso prend la parole, puis vient le tour de Louis Michel. Le temps venu pour les questions, voici celle que je lui pose :

« Monsieur le Commissaire, ne serait-il pas temps d'éliminer du vocabulaire de l'Union européenne le terme de pays développé ? N'y a-t-il pas un danger que nous considérant "développés" nous cessions de progresser ? En effet, ce terme n'indique-t-il pas un état qui nous dispenserait d'apprendre des autres pays ? En tout cas, j'espère que la Belgique est encore en développement, car il y a tant à apprendre des pays pauvres, qui ne peuvent pas se permettre de gaspiller la moindre ressource, et ne se privent pas d'apprendre des autres ! »

Comme j'avais commis l'erreur de poser deux questions, Louis Michel s'est contenté de répondre à la première...

Parce que nous sommes riches, nous nous berçons de l'illusion que nous serions développés. Dopés par l'accès anormalement bon marché au pétrole, nous nous accrochons à notre modèle de société, le meilleur qui soit, pensons-nous. En quelque sorte, nous faisons comme si nous avions franchi la ligne d'arrivée et que nous nous reposions sur nos lauriers. Nous dispensons nos conseils techniques pour expliquer aux autres comment arriver eux aussi à cet état de pays développé, et envoyons une faible portion de notre superflu à ceux qui sont encore dans la course. Pourtant, au fond de nous-mêmes, nous savons que ce modèle ne peut être partagé avec le reste des habitants de la planète. Alors, plutôt que de voir la vérité en face et d'accepter que nous nous nourrissions d'illusions, nous fermons notre esprit et nos frontières.

Pour nous rassurer sur la supériorité de notre façon de vivre, nous acceptons sans indignation que les médias nous présentent les pays moins riches sous un jour négatif. La Thaïlande ? Commerce du sexe ! La Chine ? Espionnage industriel, exploitation des travailleurs ! La RDC ? Viols collectifs comme arme de guerre ! L'Inde ? Avortement sélectif des filles !... Nous croyons savoir, mais nous ignorons, nous pensons être solidaires, mais nous cherchons seulement à soulager notre conscience. Alors, les annonceurs de désastre ont beau jeu d'attiser nos peurs pour mobiliser d'avantage d'argent pour leur cause. Il nous est plus facile de signer un chèque que de changer nos attitudes.

À Ottignies-Louvain-la-Neuve en Belgique, lors d'une réunion avec de nombreuses ONG et associations qui œuvrent « dans le Sud », une Burundaise se lève et prend la parole : « Pourquoi envoyez-vous des machines à coudre à ma sœur qui vit dans son village au-delà de Bujumbura, alors qu'à moi qui vis à vos côtés, vous ne dites pas bonjour ? »

Ayant fermé notre esprit, nous fermons nos frontières. Je garde le souvenir attristé d'une conversation avec une Congolaise sur la terrasse de l'aéroport de Ndjili, à Kinshasa. Le vol de Kenya Airways a du retard, et nous prenons ensemble le repas que la compagnie nous a offert. « Docteur, pourquoi, vous les Belges, vous ne nous aimez plus ? me demande cette maman commerçante. Moi, je paie 1 000 € par mois pour louer un appartement à Laeken près de Bruxelles. C'est un tout petit truc de rien du tout ! Mais venez voir mon palais à Kinshasa ; là au moins je vis à l'aise ! Docteur, vous les Belges, vous ne réfléchissez donc pas ? Qui a de l'argent, vous les Belges ou nous les Congolais ? Dites-moi, pourquoi nous faites-vous tant de misères pour venir chez vous ? Aujourd'hui, je me vois contrainte de faire mon commerce en Chine, à Shenzhen. Croyez-vous que ce soit de gaîté de cœur ? »

Je pense à mon ami Miatudila, fonctionnaire de la Banque mondiale, qui pour aller de Washington à Kinshasa fait le détour par Addis-Abeba, afin d'éviter le traitement indigne aux postes frontières européens. Je pense à Lawan Vejapikul, jeune membre de l'équipe de soutien de la Constellation, qui, pendant vingt minutes, a dû répondre aux questions de l'immigration à l'arrivée à Bruxelles, malgré un visa en bonne et due forme. Ce n'est que lorsqu'elle a pensé dire qu'elle se rendait à Grez-Doiceau, le village où se trouve le siège de la Constellation, que l'officier l'a laissée entrer. Je pense à Éric, invité en Belgique par la Fondation Roi Baudouin pour former les facilitateurs belges de la Constellation, qui n'a reçu à temps son visa que grâce à mon intervention.

Voyez, par contre, ce qui m'est arrivé il y a quelque temps au Mali. Au départ de Bamako vers Bruxelles, un officier de police vérifie mon passeport et constate une erreur. J'ai bien le cachet d'entrée dans le pays, mais pas le visa. J'accepte de régulariser la situation, et il m'escorte au bureau d'immigration. Là, deux agents m'accueillent. Je remplis un formulaire, et un des agents, une dame, Fatou, se charge d'apposer le visa sur mon passeport. « Voilà, dit-elle, c'est réglé. C'est 15 000 FCFA ou 20 euros. » Comme je n'ai pas cette somme sur moi, ni en CFA, ni en euros, je propose de rappeler le chauffeur de la Fondation de l'Aga Khan pour régler la somme. « Non, dit la dame, ce n'est pas nécessaire. Combien avez-vous sur vous ? » Je lui montre les 5 000 FCFA qui me restent. Fatou plonge la main dans la poche de sa chemise d'uniforme et en extrait 10 000 FCFA. Elle rassemble les 15 000 et les met dans sa caisse. « Bon voyage monsieur ! » me dit-elle avec le sourire. Imaginez ma gêne ! Fatou, qui l'a remarquée, me dit : « Ne vous en faites pas, Dieu me le rendra. » Son collègue me demande ensuite : « Croyez-vous que vos gendarmes puissent avoir le même geste pour un Malien arrivant en Belgique ? »

Nous fermons notre esprit et nos frontières, mais nous continuons à exporter notre expertise technique sans nous poser de question. C'est là que le bât blesse : nous ne parvenons plus à nous rendre compte que pour être efficaces, les solutions techniques doivent s'inscrire dans des processus humains. Patrick Viveret le disait en introduction de la réunion de préparation des premières journées de *Dialogue en humanité de Lyon* : « L'occidental ne s'aime plus. Alors, plutôt que de se regarder en face, il se cache derrière l'objet. »

Ainsi, les trente années de lutte contre le sida peuvent se partager en deux périodes, chacune centrée sur un objet. Au cours des quinze premières années, nous avons sous-estimé les questions de la responsabilité, de la sexualité et de l'amour humains pour nous cantonner à des campagnes basées principalement sur l'utilisation du préservatif. Lorsqu'en 2000, j'ai présenté les réponses locales face au sida aux évêques d'Afrique de l'Ouest réunis en synode à Conakry, ils se sont exclamés : « Ah bon, il y aurait donc autre chose que le préservatif ? » Devant l'échec de ces campagnes, nous nous sommes ensuite cachés derrière le médicament antirétroviral et avons annoncé *urbi et orbi* que trois millions de personnes auraient accès au médicament dès 2005. Lorsque nous échouons à nouveau, et n'atteignons que 1,3 million de personnes, nous nous satisfaisons d'analyses superficielles pour en identifier les causes. L'on évoque toutes sortes de déficiences au niveau des pays, sans remettre en cause la manière dont le programme est mené.

Il en va de même pour la lutte contre le paludisme. Dans ce cas, on se cache derrière les moustiquaires imprégnées d'insecticides. Puisque nous savons comment distribuer des moustiquaires, distribuons-les et crions victoire lorsque chaque famille aura reçu le nombre prévu de moustiquaires. Et, puisque nous savons comment faire de la publicité, transposons les méthodes de marketing à la santé : appelons cela la communication pour le changement de comportement. Le problème, c'est que cela ne marche pas.

Au Togo, après une campagne nationale de distribution de moustiquaires imprégnées, moins de la moitié des enfants togolais dormaient sous la moustiquaire qu'ils avaient reçue. Les chiffres ne sont pas différents ailleurs et des campagnes identiques sont en cours dans de nombreux pays. Dans ces pays, les dirigeants de ces campagnes sont inquiets, car ils savent que la distribution aboutira à un énorme gaspillage. Les communautés auraient bien la capacité de gérer leur propre campagne, mais que voulez-vous, comme cette capacité a souvent disparu dans les pays riches, les bailleurs de fonds l'ignorent dans les pays pauvres.

Voilà le carcan dans lequel sont enfermés les amis qui œuvrent dans nombre de programmes internationaux de santé et de développement. Ils dépendent du financement des pays riches, qui entretiennent l'illusion que leur richesse leur donne le droit d'imposer leur manière de faire. Ils exportent donc une vue paternaliste et technocratique des rapports sociaux qui vouent les programmes à l'échec à court et moyen termes.

J'ai beaucoup de sympathie pour les travailleurs enfermés dans ce système complexe fait d'organisations de développement internationales, bilatérales, et d'ONG de toutes tailles. Pris en tenaille entre ce qu'ils savent devoir être fait et ce qu'ils sont obligés de faire, ils négocient tous les jours entre leur conscience et les ordres venus des bailleurs. Serait-il possible qu'un jour, ces travailleurs prennent l'exemple des citoyens d'Égypte et de Tunisie, et transforment – pourquoi pas ? – la place des Nations de Genève en place Tahrir du développement ? Ils exigeraient pour eux-mêmes et pour ceux qu'ils servent une véritable démocratie, où le citoyen, et non le riche, décide des orientations à donner à la politique. À l'expert d'expliquer les faits pertinents pour la prise de décision individuelle et collective ; à l'homme riche de partager ne fût-ce qu'un peu de son superflu ; à la société d'agir pour réaliser sa vision en comptant d'abord sur ses propres ressources.

Il est temps de poser là notre fardeau. Le poids de notre arrogance devient insupportable. Que nous gagnions notre vie en travaillant pour le développement ou pas, nous pouvons agir immédiatement. Il suffit de nous ouvrir à autrui, qu'il soit riche ou pauvre, en commençant par ceux qui nous sont proches.

L'effet décapant du regard positif sur autrui ne s'arrête pas là. Parce qu'il nous délivre du jugement moral sur les personnes, nous évoluons dans un monde où il n'y a ni saints, ni pécheurs. Il reste des êtres humains, avec leurs forces, leur expérience de vie, leurs soucis, leurs rêves. Quel soulagement !

V

Ni saints, ni pécheurs

Je vous invite dans la grande salle de l'hôtel Amora, à Chiang Mai, en Thaïlande du Nord. Plus de quatre-vingts personnes y sont réunies, venant en majorité de huit pays d'Asie pour échanger leurs expériences de réponses locales. La session de ce matin va commencer par les réflexions libres de chacun. La veille, les personnes présentes ont rendu visite en petits groupes à différentes communautés de Chiang Mai et l'on s'attend à quelque partage. Nous sommes debout, formant un grand cercle. Rabindran prend la parole. Cet homme élancé a la quarantaine bien sonnée. Pasteur d'une communauté de chrétiens du Sud de l'Inde, il a manifestement l'habitude de parler en public. Pourtant, on sent sa voix nouée par l'émotion. « Hier, je faisais partie du groupe qui s'est rendu à la Violet House, dit-il, et je resterai marqué par cette visite jusqu'à la fin de mes jours. Pour ceux qui ne le savent pas, Violet House est un lieu de rencontre pour toutes les personnes de Chiang Mai qui appartiennent à des minorités sexuelles. J'ai écouté avec attention l'histoire de Khun Samran Tagun, le leader de la maison. Quelle vie merveilleuse que la sienne ! Je ne pouvais que l'admirer.

Pourtant, durant toute mon éducation, j'ai appris à haïr les homosexuels. Tout en l'écoutant, j'ai pensé que Dieu ne pouvait qu'aimer Khun Samran comme toute autre personne, et je me suis dit que je pouvais en faire de même ! Voilà ce que je retiens d'hier, et, dès mon retour, j'inviterai mes paroissiens à changer le regard qu'ils portent sur les homosexuels. »

Rabindran s'arrête, au bord des larmes.

La veille, il avait déjà fait part de son expérience en anglais à son groupe. Alors qu'il traduisait son propos en langue tamoule pour son ami de longue date, ce dernier le regarda dans les yeux et lui demanda :

« – C'est vrai, ce que tu viens de dire ?

– Oui, bien évidemment, répond Rabindran, je n'inventerais pas une histoire pareille !

– Alors, dit son ami, je peux te le dire. Moi aussi, je suis homosexuel. »

Pendant ce temps, au cours du même festival d'échanges, un facilitateur indien tombait sous le charme de Lulu. En réunion, Lulu est très sérieuse. Mais le soir, elle chante et danse de manière divine ! Elle est parvenue à nous faire danser tous ! Et elle a un « je-ne-sais-quoi » mystérieux ! L'ami à qui il a dit son émoi lui fait remarquer que Lulu est une personne transsexuelle. Notre ami raconte dans son blog comment une gigantesque bataille se déclenche alors en lui.

« Ma journée a été mouvementée, consacrée à la réflexion et l'introspection. Ne m'étais-je pas senti à l'aise avec eux les premiers jours ? Nous étions devenus comme une famille et nous avions du mal à nous séparer. Alors, pourquoi le fait de connaître tout à coup son identité créerait-il un gouffre entre nous ? » Lui aussi avait appris à haïr les personnes qui appartiennent à des minorités sexuelles ! Mais en appréciant Lulu comme elle est, il parvint à calmer la tempête... « Le soir, mon malaise commençait à disparaître. Je m'étais rendu compte que nous sommes tous des êtres humains avec de la sollicitude et de l'amour les uns pour les autres, et c'est ce qui nous donne la force de répondre aux défis de la vie. Le festival du savoir a été une révélation pour moi. Il m'a apporté beaucoup d'amis et une nouvelle façon de penser. Je me sentais léger et heureux. »

Lulu est leader des jeunes transsexuelles de Jakarta. Grâce à l'approche positive que la Constellation lui a proposée, elle a transformé son rôle de gestionnaire d'un projet en celui d'animatrice d'une communauté de jeunes décidée à se prendre en charge. La voici à Manonjaya, à la pointe occidentale de l'île de Java en Indonésie. Elle anime un atelier sur la santé sexuelle des jeunes en plein milieu strictement musulman. Toute la communauté est représentée : jeunes et vieux des deux sexes, personnel du centre de santé et responsables de l'administration locale. On sent bien qu'ici on ne rigole pas avec la religion : tout le monde est habillé comme il se doit, et l'atelier est rythmé par les pauses régulières des temps de prière. Bien sûr, ici en Indonésie, tout le monde s'est rendu compte que Lulu est une personne transsexuelle. Un membre de l'équipe de facilitation demande discrètement aux vieux si tout va bien, s'il n'y a pas de problème particulier ? Mais non, pas du tout, est la réponse. Nous apprenons beaucoup de Lulu !

Pontianak se trouve à l'ouest de l'île de Bornéo à quelque deux heures de vol de Manonjaya. Cette ville portuaire un peu au sud de Singapour est connue pour son mélange des cultures et des religions. Novi est la secrétaire du comité de lutte contre le sida de cette ville d'environ cinq cent mille habitants. Font partie de ce comité : responsables administratifs, religieux, ONG, associations de jeunes, usagers de drogues, personnes vivant avec le VIH et minorités sexuelles. Novi est musulmane et vient toujours voilée aux réunions. Cela ne l'empêche pas de porter un tee-shirt qui proclame en grand : « L'orgasme n'est pas un crime ! » Novi confiera aux visiteurs de la Constellation combien grâce à l'approche appréciative le comité de lutte s'est transformé en une équipe d'amis par l'appréciation des forces de chacun de ses membres.

C'est à Pontianak que nous rencontrons Ibu Ummi Kulsum. Cette femme d'un certain âge dirige un groupe de plusieurs centaines de milliers de femmes musulmanes. Lors de notre première rencontre, nous sentons son désarroi face au sida. Quelle attitude adopter ? Nous emmenons Ibu Ummi Kulsum en visite dans une communauté d'usagers de drogues injectables, infectés par le VIH. Nous nous asseyons à même le sol, et explorons ensemble leur expérience. Leurs forces sautent aux yeux : la solidarité du groupe, la volonté de changer, le désir d'avertir les habitants de Pontianak du danger que représente le VIH...

À la fin de la visite, Ibu Ummi Kulsum dit : « Je viens d'apprendre une chose importante grâce à cette visite. Vous êtes des nôtres ; vous faites partie de notre communauté. Les premiers bénéficiaires de cette expérience, ce seront mes enfants. »

Ibu Ummi Kulsum est venue à toutes nos séances de formation à Pontianak. Chaque jour, elle nous lisait un poème qu'elle avait rédigé au petit matin sur ce qu'elle avait appris la veille.

Tant que nous sommes dans ce coin du monde, rendons-nous à six, sept heures de vol depuis Pontianak, à Merauke, à l'extrémité sud-est de la partie indonésienne de la Papouasie. Une équipe de facilitateurs de l'approche s'y est constituée. Ibu Winona est une présentatrice populaire à la radio locale. Elle raconte comment, à la suite de régulières visites appréciatives dans un karaoké, elle s'est liée d'amitié avec une des hôtesses. L'hôtesse se prostitue, car les séances de karaoké ne servent en fait que d'entrée en matière. Au fil des rencontres, leurs conversations ont pris un ton plus intime. « Cela ne t'ennuie pas, ce boulot ? Toujours la même routine ? » demande Ibu Winona. « La même routine ? Mais pas du tout ! Pour que les clients me reviennent, il faut que je varie les plaisirs ! » Et l'hôtesse d'expliquer. Notre présentatrice, tout ouïe, décide d'essayer ce qu'elle apprend à la maison. « Mon mari, d'abord étonné, fut enchanté ! Depuis, dit Ibu Winona avec un clin d'œil, il sort de moins en moins le soir ! Du coup, j'ai organisé une réunion des femmes du quartier pour partager mon expérience ! »

Ce n'est pas seulement le regard que nous portons sur les autres qui change. Notre perception du regard des autres sur nous-mêmes change également. Faustin est homosexuel. Il vit à Bujumbura. Ce n'est pas évident d'y vivre sereinement son homosexualité, avec la discrimination sans cesse croissante dans les sociétés africaines. Faustin raconte comment il a compris le regard des autres sur lui-même lorsqu'il s'est rendu dans une communauté de drogués. Au départ, il était plein de préjugés à leur sujet. Mais lorsqu'il s'est mis à porter sur ces personnes un regard positif, il a rencontré des personnes usagères de drogues, certes, mais emplies d'énergie pour leur avenir.

Lorsque nous adoptons le regard positif, nous ne faisons référence à aucune norme. Rumi, le poète Sufi nous y invite à travers les siècles : « Au-delà du bien et du mal, il y a un jardin merveilleux. Je vous y attends. » Nous n'identifions ni les pécheurs, ni les saints. À un moment de l'évolution de la Constellation, certains d'entre nous ont commencé à utiliser le mot *SALTy* en anglais pour caractériser une personne qui pratiquait bien l'approche SALT[1]. Nous verrons plus loin comment nous décrivons cette approche appréciative, mais ce qui compte ici, c'est que nous avons compris que l'usage de ce qualificatif était contraire à l'appréciation elle-même. Celle-ci n'établit pas d'échelle de comparaison, elle permet de découvrir les forces de toute personne, de toute communauté, un point c'est tout ! Adoptons ce regard appréciatif, et voici que nous découvrons un monde peuplé de personnes humaines pleines de ressources. Alors, nous nous mettons à rêver d'un monde

1. SALT : Soutenir, Stimuler, Action, Analyse, Appréciation, Connecter (*Link*), Apprendre (*Learn*), Transformer, Transférer et Equipe (*Team*).

où il fait bon d'y vivre parce que chacun a pu développer son potentiel et le mettre au service du bien-être de tous.

L'idée est simple et facile à mettre en œuvre. Les plus âgés se souviendront du slogan publicitaire : « L'essayer, c'est l'adopter ! » En effet, il suffira de changer de regard pour en voir les bénéfices. Essayez de changer votre regard sur une personne proche. Dites-lui les forces que vous voyez en elle. Vous verrez, les bénéfices sont immédiats. Facile à mettre en œuvre de temps en temps quand on y pense, oui. Mais les vieux réflexes ne sont pas loin !

C'était dans le même hôtel Amora, à Chiang Mai. Nous venions de terminer notre visite internationale avec une délégation indonésienne, une délégation malgache et quelques personnes venues seules. Parmi ces dernières, un ami avec qui j'avais monté dix ans plus tôt le bureau d'ONUSIDA à Bangkok. Le moment était venu pour les dernières réflexions avant le départ, et je m'attendais à beaucoup d'enthousiasme. Ne voilà-t-il pas que mon ami se lance dans une analyse épidémiologique de la présentation que l'équipe provinciale de la santé nous avait faite à Phayao. Il y trouvait quelque motif d'inquiétude typique de l'expert à la recherche de ce qui ne va pas. Je sens la colère monter. Je me sens trahi et inquiet. Mon ami allait-il faire capoter la visite ? Je suis à deux doigts d'intervenir. Je me contiens et fais le tour de la table pour demander conseil à Usa, qui facilitait la séance avec moi. Je comptais sur Usa, pour que comme à son habitude, elle me donne un conseil éclairé par une longue et riche pratique. De sa voix posée, elle me dit : « *Keep appreciating strengths* ; poursuis ton appréciation des forces. » Devant mon expression probablement interloquée, elle continue : « *What else is there ?* Qu'y a-t-il d'autre ? » Le temps que je retourne à ma place, mon ami a terminé et un Indonésien prend la parole. « Merci pour votre brillant exposé. Il y a sans doute encore des sujets de préoccupation à Phayao.

Mais vous savez, nous en Asie, nous nous satisfaisons de petits progrès. Et ces derniers ne manquent pas. »

Je repense souvent à ce qu'Usa m'a dit ce jour-là, surtout quand j'ai envie de laisser libre cours au jugement et à la colère qui n'en est pas loin... Cette petite histoire somme toute anodine me révèle combien mes anciennes habitudes sont tenaces. Il est cependant des situations nettement plus difficiles.

Laurence, facilitatrice belge, raconte comment sa rencontre avec des jeunes de Papouasie-Nouvelle-Guinée a défié sa capacité de porter un regard positif. « Ils nous ont décrit leurs habitudes par rapport à l'alcool et la drogue. Ils voulaient changer. Ils ont même parlé de viols collectifs. Il est difficile, dans cette situation, de voir les forces. Mais notre équipe a quand même fait de son mieux. Nous avons écouté et essayé de comprendre les garçons, nous imaginant grandir dans leur contexte. J'aurais probablement fait la même chose. Nous avons également dit notre propre vulnérabilité et essayé de communiquer avec eux en tant qu'êtres humains égaux. C'était la première fois que quelqu'un disait à ces garçons qu'ils avaient des forces et qu'ils étaient capables de changer leur situation. [...] Ils ont commencé à organiser des soirées hebdomadaires, au cours desquelles ils ne se drogueraient pas et ne boiraient que du café. Ils ont mobilisé toute leur communauté. Parfois, il ne paraît pas logique de chercher les points forts quand on voit les faiblesses. En effet, il semble moins efficace de laisser les gens découvrir leurs propres forces quand on peut si facilement leur dire toutes les choses que nous voyons qu'ils ne font pas bien. Mais nous croyons qu'il vaut la peine de laisser les gens découvrir par eux-mêmes leur vérité, leurs forces et leurs domaines à améliorer. Le petit détour en vaut la peine... »

Hélas, rien n'est jamais acquis, car le regard moralisateur n'est jamais loin. J'ai déjà eu l'occasion de citer l'Ouganda, un des rares pays où l'épidémie du VIH a régressé au cours des années 1990. Tout a commencé par un discours choc dans lequel le président Yoweri Museveni reconnaissait que le sida représentait bel et bien une sérieuse menace pour le pays. Mais, plus important peut-être, il partageait sa conviction que les Ougandais pourraient par eux-mêmes « bouter dehors l'ennemi », car, en bon militaire, il aime s'exprimer en termes martiaux ! Il n'a jeté l'anathème sur personne, mais a plutôt reconnu que les mœurs des Ougandais les rendaient vulnérables à l'infection par le VIH. Parmi les nombreuses initiatives de l'époque, il y avait la campagne de *« zero-grazing »*, ou le broutage en cercle : le bouc au piquet ne peut aller brouter au-delà du cercle délimité par la corde qui le retient ! Et bien sûr, le préservatif a été mis à la disposition de toute la population, au cas où par exemple, la corde venait à se rompre ! La recommandation de fidélité était empirique, sans que les autorités n'aient jugé nécessaire de se référer à tel ou tel système religieux ou moral.

Mais voilà que Janet Museveni, l'épouse du président, entre sous l'influence du mouvement évangélique et se met à faire campagne contre le préservatif, contre l'avis même de la population ougandaise. Dans une enquête à large échelle, les Ougandais s'étaient exprimés massivement pour l'abstinence et la fidélité... pour les jeunes. Quant aux plus âgés, leur message était : Soyons réalistes, nous ne pourrons changer nos mœurs, il va donc falloir maintenir l'apport en préservatifs ! Malgré tout, les rumeurs les plus fantaisistes concernant les préservatifs ont commencé à courir en Ouganda, et ces derniers se sont mis à pourrir dans les entrepôts. Un ami qui faisait l'intérim comme représentant de l'ONUSIDA s'est fait un devoir de dénoncer cette situation. La Présidente l'ayant invité, il se réjouissait à l'idée de développer les arguments en faveur de la reprise de la distribution des condoms. Imaginez sa surprise et sa déception : lorsque la Présidente l'a reçu, elle invita son aréopage à se recueillir et à prier pour que leur ami des Nations unies quitte le péché et reprenne le droit chemin !

Cependant, en quoi notre changement de regard individuel pourrait-il contribuer à relever ces défis ? Ne sommes-nous pas envahis par un sentiment d'impuissance face aux défis d'ordre mondial tels que la crise économique et de l'emploi, le changement climatique, la violence urbaine, le risque de déflagration nucléaire, la désintégration familiale et les pandémies en tous genres ? Comment la transformation de notre regard peut-elle modifier notre propre avenir, celui de nos enfants et de nos proches ?

Rappelons-nous la réflexion de Usa : *« What else is there ? »* Que faire d'autre, sinon partir des ressources dont nous disposons pour générer notre propre vision de notre avenir et faire face aux défis ? C'est en tout cas la démarche de la Constellation. Nous partons de trois affirmations : 1. Nous sommes tous humains ; 2. Ensemble, nous avons en nous les ressources nécessaires pour répondre à nos défis ; 3. L'appréciation stimule l'action en révélant ces ressources. Nous allons approfondir cette démarche dans les trois chapitres suivants.

VI

Sommes-nous humains ?

En juin 2009, nous sommes quelques coaches de la Constellation à accompagner un groupe de l'Initiative des pays des Grands Lacs contre le sida (GLIA), en visite à Ruhuha dans le district de Busegera, au Rwanda, tout près de la frontière du Burundi. L'événement est d'importance pour le village, car ce n'est pas tous les jours qu'il reçoit une délégation de personnes vivant avec le sida et des camionneurs provenant de cinq pays voisins. Le village a bien fait les choses ; il a arrangé en conséquence la modeste salle de réunion en briques adobes et au sol en terre battue. Nous évitons cependant de nous asseoir à la haute table garnie de fleurs et nous nous mélangeons aux personnes qui nous accueillent. Bosco Kanani, coach rwandais de la Constellation qui facilite les échanges, nous demande de nous tourner vers nos voisins et de nous faire l'accolade. Un bref moment de surprise passé, nous voici embarqués dans une joyeuse série de salutations chaleureuses ! Après les échanges sur les expériences entre les participants des divers pays, une dame de Ruhuha nous offre cette réflexion : « Par votre attitude, vous avez mis fin à la discrimination dans notre communauté. Comment voulez-vous que nous nous discriminions entre nous alors que vous nous avez démontré dès votre arrivée que nous sommes vos égaux ? »

Dans nos interactions avec les communautés, quelles qu'elles soient, nous partons du fait que nous sommes tous humains.

Nous évitons dans la mesure du possible tout ce qui pourrait indiquer que nos hôtes nous considèreraient plus humains qu'eux... Pas de haute table, pas de présentation dithyrambique des visiteurs...

« *Are we human ?* – Sommes-nous humains ? » Usa pose la question d'entrée de jeu lorsqu'elle démarre la formation d'une communauté ou d'un réseau à l'approche de la Constellation. Imaginez la surprise des participants ! Mettez-vous à leur place : que diriez-vous si l'on vous posait la question à brûle-pour-point ? La surprise passée, les participants réalisent pourquoi Usa pose la question : nous ne sommes pas venus en experts, mais pour faire un bout de chemin avec la communauté qui nous a invités.

Prenons Gaston Schmitz, par exemple. En janvier 2007, il avait quitté une ONG hollandaise spécialisée dans le lancement de petites entreprises dans les pays des Balkans pour travailler à l'équipe d'appui de la Constellation. Comme tous les membres de l'équipe, il s'est plongé dans la facilitation des réponses locales. Suivons-le ce dimanche de 2008 dans le quartier de Tent City à Lae, en Papouasie-Nouvelle-Guinée. Gaston a vite compris qu'il ne s'agissait pas de se prétendre « expert en facilitation », mais plutôt de participer comme un frère à la conversation avec les papous.

« J'accompagnais soixante personnes provenant de cinq provinces. Nous étions encaqués dans deux autobus, suivis d'une voiture de sécurité spéciale destinée au représentant de l'OMS et au représentant-adjoint d'UNICEF. Trente personnes de la communauté nous y attendaient. Ainsi, nous étions près de cent personnes à discuter et à réfléchir sur les trois pratiques que Tent City avait choisies comme priorités dans sa réponse au sida : l'inclusion des familles affectées, l'accès au traitement et la mobilisation des ressources. Sous un soleil de plomb, j'ai choisi de me joindre au groupe d'une vingtaine de personnes qui partageaient leur expérience sur l'accès au traitement. Inévitablement, la question du dépistage intervint. Le moment venu, j'ai raconté ma propre histoire. "C'était aux Pays-Bas. Un beau jour de printemps, je reçois un coup de téléphone de mon ex-petite amie, avec qui j'avais rompu depuis trois mois. Elle me suggère d'aller faire le test, car, me dit-elle, je courrais un certain risque. J'ai suivi son conseil, et j'ai été soulagé d'apprendre que mon test du VIH était négatif. J'avais bien des chlamydias, mais ces derniers étaient heureusement faciles à traiter." J'ai raconté au groupe comment un ami m'a renseigné où me faire dépister, comment je suis arrivé au centre de dépistage et les conseils que j'ai obtenus. Cette expérience m'a vraiment fait réfléchir à ma propre vulnérabilité. Les gens écoutaient attentivement. Quand j'ai décrit ma propre anxiété avant le test, l'un d'eux a dit : "Comment cela, vous aussi les blancs vous avez peur de faire le test ?" Nous avons pu apprécier notre "humanité commune" : même si je suis un *"white skin"*, je ne suis pas différent. Maintenant, mon expérience fait partie de la base de connaissances nationale sur "L'accès aux traitements" de la Papouasie Nouvelle-Guinée, et j'en suis fier ! »

Gaston poursuit sa réflexion en ces termes : « Quand je rends visite à une communauté comme un "être humain" et non comme un expert, je me sens rassuré et soulagé. Un expert a pour devoir de toujours gérer les attentes. Pour moi, me comporter en être humain est plus facile. Je fais simplement plus appel au cœur qu'aux pensées, je partage ma propre expérience et essaie de comprendre la situation des gens. Bien sûr, ce ne doit pas être évident pour les personnes qui se sont comportées en experts depuis longtemps... Après une vraie visite SALT, je me sens toujours nourri et je repars avec davantage d'énergie. »

Lawan, elle, distribue des cœurs en papier de couleur. Elle demande de diviser le cœur en quatre cadrans, et d'y inscrire nos aspirations et nos préoccupations, nos forces et nos faiblesses. Quant à moi, je me limite souvent à demander aux participants de se présenter sans mentionner leur organisation, ni leur profession. Je l'ai fait récemment lors d'une réunion au bureau régional d'UNESCO pour l'Asie et le Pacifique. J'ai invité les participants à former des paires, après quoi chacun présentait l'autre personne avec l'interdiction de parler de titres et de boulot ! Avec mon voisin, le directeur régional, une personne éminente d'origine coréenne, nous avons conversé de nos origines respectives. Grâce aux recherches généalogiques de mon épouse, j'ai pu lui dire que je connaissais tous mes ancêtres jusqu'au XVe siècle. Tous ont combiné le travail de la terre avec un souci de la communauté locale ; parmi eux, je compte pas mal de juges, de maires, de maîtres d'école, etc. J'ai parlé avec fierté de mes enfants et de mes petits-enfants. Il a fait de même, et tout de suite nous avons senti des affinités que jamais une ouverture formelle d'atelier n'aurait révélées.

Pour que nous réalisions que nous sommes tous humains, nous devons nous débarrasser de nos masques : diplômes, expertise, position dans la société. C'est une condition essentielle pour parvenir à mener une conversation naturelle, sans protocole précis. Nous venons sans idée préconçue de ce que nous avons à offrir, prêts à recevoir ce que l'autre a à donner, et laissons la conversation évoluer librement. Et c'est au moment précis où nous faisons l'expérience de notre humanité commune que nous pouvons célébrer nos différences : nous sommes égaux, mais heureusement, nous ne sommes pas identiques ! Dès lors, chacun d'entre nous a quelque chose à donner, et chacun a quelque chose à recevoir. Ce qui facilite grandement les choses, c'est que nous n'apportons rien de tangible : ni biens, ni argent. Du coup, une fois passée la surprise de nos hôtes, nous pouvons laisser libre cours au développement de l'intangible : les relations qui permettront le cheminement vers la compétence pour la vie.

Sommes-nous humains ? Cette question, nous l'avons explorée avec les Papous dans les lieux reculés de Papouasie-Nouvelle-Guinée, avec les Amérindiens du Suriname, avec des personnes handicapées du Mozambique et d'ailleurs, avec des demandeurs d'asile en Belgique, des fonctionnaires internationaux en poste dans le monde entier, des jeunes des quatre coins des Philippines. Les réponses sont les mêmes, quelle que soit la communauté où nous la posons. Nous sommes humains, parce que nous sommes semblables. Nous sommes fiers de nos origines et aspirons à une vie meilleure pour nous-mêmes et nos familles. Nous aimons notre pays et notre communauté. Nous voulons mieux vivre ensemble. Nous aimons la nature et souhaitons la protéger. Nous surmontons avec courage des crises insoupçonnées. Nous sommes humains parce que capables de compassion.

Il suffira souvent d'une conversation d'une heure ou deux pour établir la base de notre relation : nous sommes tous humains. Tout de suite, nous voilà plus proches ! C'est ainsi que, par exemple, après s'être ainsi présentés, les membres du comité consultatif Nord-Sud de Braine-l'Alleud, commune belge du Brabant Wallon, partagent avec émerveillement : « Cela fait des années que nous travaillions ensemble, mais nous ne nous connaissions pas ! Nous nous sommes engagés dans l'action, sans prendre le temps d'explorer nos talents, nos soucis et nos motivations. »

Même si ces qualités humaines sont présentes en chacun de nous à des degrés divers, ensemble, nous avons des capacités et des affinités insoupçonnées. Explorons maintenant les réponses locales par lesquelles nos ressources individuelles se combinent pour former un tout qui nous dépasse.

VII

Réponses locales

Ce beau jour de saison sèche 2004, il fait calme sur les îles Andaman. Dans ce chapelet d'îles du golfe du Bengale, les populations locales, volontairement isolées et hostiles au reste du monde, vaquent à leurs occupations traditionnelles. Il fait même un peu trop calme, car tout à coup les oiseaux se sont tus. La terre a tremblé. Fort. Les anciens savent qu'un mur d'eau suit les fortes secousses de la terre. Ils avertissent leurs communautés et toutes évacuent les parties basses des îles. L'énorme vague du tsunami balaiera les îles Andaman sans apparemment faire beaucoup de victimes dans les populations indigènes qui ont gardé leur mode de vie ancestral de chasseurs-cueilleurs. Les habitants des îles d'Andaman ont évité la catastrophe en faisant confiance à la sagesse des anciens, qui provient de l'expérience millénaire de leurs communautés. Quoi de plus naturel ? Cependant, que se passe-t-il quand le « développement » s'en mêle ?

Tilly Smith, jeune Anglaise de dix ans, passe les vacances de Noël 2004 à Phuket. Le 26 décembre, elle se promène en compagnie de ses parents et de sa petite sœur sur la plage de Mai Khao face à la baie de Thung Nung. Soudain, la mer a un comportement inhabituel, agité, et les adultes sont fascinés, mais Tilly reconnaît l'écume dont l'aspect rappelle celui de la mousse de bière. « Maman, dit-elle, c'est ce dont M. Kearney nous a parlé à l'école il y a deux semaines : c'est un tsunami ! Vite, partons d'ici ! » En effet, le hasard a voulu que Tilly vienne d'apprendre les signes avant-coureurs du tsunami au cours de géographie ! Les parents sont difficiles à convaincre, mais voyant l'hystérie de leur fille qui sait qu'il faut agir vite, le père s'adresse à un garde proche de l'hôtel. À ses côtés, un vacancier a déjà appris qu'il y a eu un tremblement de terre à Sumatra : « Je pense que votre fille a raison. » Ils avertissent les autres baigneurs. À temps. Là aussi, de nombreuses vies sont épargnées. M. Kearney, professeur de géographie, a partagé l'expérience acquise de par le monde face au tsunami. Une de ses élèves a sauvé des vies humaines en appliquant ce savoir. Ailleurs, dans les autres plages et villes côtières, la sagesse née de l'expérience avait disparu et les systèmes d'alerte n'ont pas ou mal fonctionné : la vague a tué des milliers de personnes [1] inconscientes du danger.

Après la catastrophe, les autorités des pays affectés ont reconnu le dysfonctionnement des systèmes d'alerte et promettent des investissements importants dans des technologies plus sophistiquées. Se sont-elles inspirées des réponses locales pour investir également dans la capacité humaine de répondre précocement à la menace d'un tsunami ? Voilà le défi des réponses locales : que chaque communauté agisse en opérant la synthèse entre son expérience, celle des autres et les apports de la technologie moderne.

À mon retour de Thaïlande en 1998, et inspiré par l'expérience de Phayao, j'ai proposé au directeur exécutif de l'ONUSIDA d'animer une petite équipe qui chercherait à comprendre et à stimuler les réponses locales face au VIH. C'est Ian Campbell qui lors d'une réunion de lancement offre cette définition : « La réponse locale, c'est ce que les gens font par eux-

1. 27 227 898 personnes tuées par le tremblement de terre et le tsunami selon le United States Geological Survey. *Cf.* http://earthquake.usgs.gov/earthquakes/world/world_deaths.php (accédé en janvier 2013).

mêmes pour mettre fin à leurs préoccupations dans leurs milieux de vie et de travail. »

Le monde foisonne de réponses locales qui se font spontanément, comme dans le cas des îles Andaman. Cependant, les autorités n'ont pas souvent conscience de cette capacité : pour elles, les réponses locales n'existent pas. En quelque sorte, elles ne sont pas sur leur écran radar. En juin 2010, je présentais l'approche de la Constellation à une brochette de fonctionnaires des Nations unies basés à Moscou. « Pas mal cette approche, me disent-ils. Peut-être qu'elle serait utile dans les pays pauvres au Sud de la Russie ? Ici, voyez-vous, il n'y pas de réponses locales. » Le lendemain, je rencontre des leaders de la société civile invités par le directeur pour l'Europe de l'ONUSIDA. Je leur propose de raconter en petits groupes leur expérience de réponses locales en Russie. Ils le firent avec joie ! Je me souviens d'un exemple. Prise de pitié pour les nombreux chiens errants de ce quartier de la périphérie de Moscou, une dame s'est mise à les accueillir dans sa parcelle. Peu à peu, les voisins sont venus l'aider, en apportant de la nourriture et en les soignant. Progressivement, ce lieu d'accueil pour chiens errants est devenu un chenil réputé. Conclusion de cette réunion ? « Si la Constellation nous propose de travailler ensemble pour stimuler les réponses locales face au sida, elle est bienvenue ! » Un an plus tard, grâce à l'appui du Bureau régional de l'ONUSIDA, l'approche se diffuse dans le pays et ses voisins.

La perception de certaines autorités belges ne diffère pas de celle des fonctionnaires des Nations unies basés à Moscou. En effet, que me répond le responsable de l'Observatoire du sida de la Communauté française de Belgique, lorsque je lui offre de collaborer ? « L'approche adoptée par notre Communauté est soit de masse, soit individuelle. Votre approche groupale semble mieux adaptée aux pays pauvres... » Pourtant, notre pays de dix millions d'habitants ne compte pas moins de 120 000 associations sans but lucratif ! Ceci sans compter toutes les associations de fait. L'approche groupale semble donc avoir du potentiel en Belgique !

Pourtant, il faut reconnaître que le sens communautaire a tendance à disparaître au fur et à mesure que les sociétés s'urbanisent et se modernisent. Les habitants de ces sociétés n'en restent pas moins humains, et cherchent à tisser des liens, par d'autres moyens, si virtuels soient-ils. Ne peut-on pas interpréter ainsi l'énorme succès des réseaux sociaux tels que Facebook ? Cependant, de manière concomitante, l'on voit naître l'aspiration de renouer les liens avec ses voisins physiques. Par exemple, en Belgique, les fêtes de quartiers et de rue, les systèmes d'échange locaux prennent de plus en plus d'ampleur. À Singapour, les villages ont été remplacés par des tours, donnant lieu à un vaste programme de « Villages verticaux » pour permettre à leurs habitants de renouer les liens perdus dans l'urbanisation de cette ville-État.

S'il est vrai que les réponses locales foisonnent à travers le monde, il est tout aussi vrai que dans de nombreuses situations, les communautés manquent de confiance dans leur propre capacité pour agir. Nous avons exploré dans les pages 29 à 69 quelques-unes des raisons à la base de ce manque de confiance en soi, et le pouvoir mobilisateur de l'appréciation des forces. Nous allons découvrir dans le chapitre suivant comment l'appréciation de forces de chacun est venue se loger au sein de la Constellation pour en devenir son ADN !

VIII

SALT

« Lorsque j'ai découvert la façon de faire de la Constellation, j'ai d'abord pensé que c'était de la folie d'imaginer apprendre des communautés analphabètes. Moi et d'autres comme moi considérions que nous étions des experts et que nous pourrions changer le cours de toute vulnérabilité. Toutefois, à l'examen des faits, il faut bien constater que [lorsque nous agissons en experts] rien ne change réellement. Rien. Quelque chose de nouveau ou de différent (certains diraient d'innovant) devait être essayé ! » Joao Arnaldo Vembane d'Handicap international au Mozambique décrit bien le sentiment des intervenants dans la lutte contre le sida lorsqu'ils sont confrontés la première fois à la façon de penser et d'agir de la Constellation que nous avons résumée dans la formule « SALT ». Comment en sommes-nous venus là ?

C'était sans doute en 1999. Je travaillais alors à l'unité « Réponses locales » au siège de l'ONUSIDA à Genève. J'étais animé par une idée fixe : Comment faire en sorte que l'expérience unique des communautés de Thaïlande du Nord puisse bénéficier à d'autres communautés d'Afrique ou d'ailleurs ? Un ami me recommande un Anglais, dont j'ai oublié le nom et perdu la trace. Ce monsieur est venu passer une journée avec notre équipe, et m'a fait une seule recommandation : que nous nous inspirions des équipes SALT (*Support to Action Learning Team* ou Équipe d'appui à l'apprentissage à partir de l'action) qui œuvrent au Royaume Uni. Ces équipes sont constituées de manière temporaire après une catastrophe et regroupent tous les services impliqués : pompiers, sécurité, santé, protection civile, etc. Leur seul but est de tirer les enseignements de la catastrophe pour améliorer tant la prévention que les services de secours d'urgence. Je trouve l'idée géniale.

J'en parle immédiatement à Ian qui, justement, est sur le point de se rendre en Afrique pour se joindre à son équipe de l'Armée du Salut et accompagner sur le terrain les réponses locales face au sida. Intéressé par l'idée de SALT, Ian profite d'une réunion avec son équipe pour explorer plus profondément sa signification. À la lecture du rapport de mission d'Ian, je suis déconcerté. J'avais apprécié, je l'avoue, la simplicité de la définition fournie par le consultant anglais. Et voilà qu'Ian me renvoie une liste de verbes dont la première lettre commence par S, A, L, ou T. Au S de *Support*, ils ajoutent celui de *Stimulate* ; au A de *Action* s'ajoutent *Analyze* et *Appreciate* ; *Link* complémente *Learn* ; *Transform* et *Transfer* rejoignent *Team*. Je pense aux lettres que je découvrais dans le consommé de poulet que maman nous servait : ces divers verbes étaient-ils reliés entre eux par une quelconque logique ? Il nous faudra plus de dix ans pour découvrir que les verbes proposés par Ian et son équipe décrivaient l'essentiel de notre démarche. Ce nouveau contenu de l'acronyme SALT allait devenir l'ADN de la Constellation, mais cela ne s'est pas fait en un jour. La réflexion sur ces quatre lettres allait nous permettre d'identifier et de définir les mots-clefs qui guideraient notre pensée et notre action.

Au début, nous avons systématiquement limité notre démarche SALT[1] à toute première visite à une communauté,

---

1. *Cf.* la note 1 p. 65.

et donc à la première interaction entre une équipe de facilitateurs et cette communauté. Le but est alors d'entrer en relation avec la communauté, d'explorer ses forces et ses préoccupations, d'offrir éventuellement de l'accompagner dans la discussion, la réflexion et l'action pour répondre à ses préoccupations. Nous ne retournons ensuite dans cette communauté que si elle nous y invite. Au fil des jours, nous avons appliqué cette approche, non seulement à la première visite, mais à toute notre façon de penser et d'interagir avec la communauté que nous accompagnons.

Nous avons d'abord porté beaucoup d'attention au S de « stimuler ». Je revois ce jour de janvier 2008 où notre équipe d'appui de la Constellation se retrouve dans notre salon à Grez-Doiceau. Nous recevons Brigitte qui nous donne une demi-journée de son temps pour examiner notre « marque de fabrique ». Elle sait y faire, Brigitte, puisqu'elle est responsable marketing pour l'Europe d'une grande firme de produits cosmétiques. « Imaginez, dit-elle, que l'équipe d'appui de la Constellation soit une personne. Quel serait son métier ? » Sans aucune concertation, nous répondons à l'unisson : « Une accoucheuse ! » Comme l'accoucheuse, le facilitateur de la Constellation accompagne la naissance d'un projet qui n'est pas le sien. Il ne lui donnera pas de nom. Bien plus tard, personne ne se souviendra de lui, et c'est bien comme cela. Nous pensons à Socrate et à la maïeutique, l'art d'aider à exprimer ce que l'on sait déjà. C'est ça le « S » ; au cours de la conversation avec les membres de la communauté, le facilitateur pose des questions qui leur permettent de réaliser et d'utiliser leurs forces.

Progressivement, nous avons, comme Sandrine[2], découvert la puissance de l'« appréciation » des forces d'autrui. Cette

---

2. *Cf.* p. 27.

appréciation fait appel à un processus mental différent de celui de l'analyse. Au cours d'une conversation communautaire, mon esprit est totalement immergé dans l'interaction. Je me fonds dans le « nous » : il n'y a plus de séparation entre le facilitateur et la communauté. Sans toujours y parvenir, j'essaie de porter sur la situation et les gens le regard de l'enfant. Les enfants ont cette intuition : pour eux, ce qui est beau est juste, vrai. Les enfants voient ce qui est, ils ne portent pas leur attention sur ce qui n'est pas. Je tâche donc d'apprécier sans analyser, de sentir sans juger. L'appréciation me paraît se rapprocher de l'expérience esthétique. Si je suis pris par un beau morceau de musique, je suis entièrement immergé dans l'expérience. Je n'écoute pas en analysant ce qui fait la beauté du morceau. Cette analyse est possible, bien sûr, mais elle est structurée après l'expérience esthétique. Il en va de même de l'appréciation des forces. Même si la conversation ne porte pas directement sur les forces, elles apparaissent au cours de l'interaction. Elles seront structurées lors de la réflexion en fin de conversation.

SALT contient bien sûr aussi le A d'« apprendre ». Vous vous souvenez de Novi, la dame au tee-shirt décalé, secrétaire du comité antisida de la ville de Pontianak en Indonésie[3] ? Un soir, quatre-vingts personnes de Pontianak, dont Novi, et de la ville voisine de Singkawang rentrent de leur première visite. Parties en groupes de dix, elles ont rendu visite à des usagers de drogue, à des enfants de la rue, à des personnes transsexuelles, à des personnes vivant avec le VIH, etc. Le moment étant venu de réfléchir à l'expérience, on les sent dépitées. Les visiteurs n'étaient pas parvenus à se départir de leurs habitudes de juger, d'identifier les problèmes pour les analyser. Bref, ils n'avaient pas pu mener une conversation

3. *Cf.* p. 63.

normale avec les personnes qu'ils avaient rencontrées. Par exemple, au cours d'une visite à des jeunes délinquants dans leur maison de détention, une femme avait posé la question : « J'ai des enfants de votre âge. Quel conseil pouvez-vous leur donner pour qu'ils ne tombent pas dans la terrible situation qui est la vôtre ? » Il a fallu remonter le moral des jeunes détenus ! Au moment de la séance plénière au retour des visites, l'ambiance dans la salle est morose. Une femme se lève et traduit sans doute bien le sentiment général : « Cela fait des années que je participe à des ateliers. Je n'ai jamais vu une facilitation de si piètre qualité. Comment avez-vous pu nous laisser partir sans que nous ayons de structure, de protocole ? » J'entends encore résonner le mot « struktur » prononcé avec force et roulant les r en bahasa indonesia, la langue du pays ! Le soir, les facilitateurs font le point, et l'ambiance est tout aussi morose. N'aurions-nous pas dû proposer ne fût-ce qu'un questionnaire ? Je laisse les facilitateurs exprimer leur anxiété, en veillant toutefois à ne pas y céder moi-même. Novi réfléchit, puis dit : « Bon, dans ces conditions, chacun va devoir élaborer sa propre structure ! » Et c'est exactement cela que les participants ont fait durant les visites du lendemain. À partir de l'expérience de la veille, ils se sont décidés d'abandonner leur attitude d'experts et d'engager avec leurs hôtes une simple conversation entre personnes humaines. Cette fois, l'ambiance au retour était joviale !

Il y a donc un autre « A » présent dans SALT : celui de l'« action » ou de l'« application ». Pour nous, il n'y a pas d'apprentissage sans mise en application. Lorsque les personnes de la communauté prennent confiance dans leurs propres ressources, elles n'attendent pas une quelconque formation pour agir. C'est d'ailleurs là le principal bénéfice pour les hôtes de la visite SALT et ils nous le répètent souvent : « Merci de nous avoir permis de réaliser nos forces. Nous n'attendrons plus les experts ou les bailleurs de fonds pour agir ! » L'application ne se limite pas aux membres de la communauté. Il arrive encore que nos facilitateurs remercient béatement les personnes à qui ils rendent visite en disant simplement : « Merci beaucoup, j'ai beaucoup appris ! » On souhaiterait qu'il y ait plus de personnes qui, comme Pimjai, n'hésitent pas à leur répondre : « C'est très joli, mais qu'allez-vous faire de ce savoir neuf[4] ? »

L'apprentissage ne se conçoit donc pas sans transfert : l'application à d'autres contextes de ce que hôtes et visiteurs ont appris ensemble. Par quel mystérieux hasard le T de « *team* » en anglais permet-il aussi d'explorer le T de « transférer » ? Les participants de Pontianak et de Singkawang ont transféré dans leur propre contexte les principes pour l'action qu'ils avaient construit lors de l'atelier. Vous vous souvenez de Ibu Ummi Kulsum, la leader musulmane de Pontianak ? C'est exactement ce qu'elle a dit qu'elle ferait à la fin de la visite de l'association des personnes usagères de drogues vivant avec le VIH[5]. Elle apprécie les forces de la communauté des usagers de drogues séropositifs, voit leur solidarité, et conclut : vous êtes des nôtres. Elle transfère ce qu'elle vient d'apprendre dans son contexte : « Les premiers bénéficiaires de ce que je viens d'apprendre seront les membres de ma famille. » Ibu Kulsum n'a pas ramené un protocole à la maison, mais un principe qu'elle adaptera à son contexte.

Bon, direz-vous. Mais vous ne pouvez tout de même pas ignorer que les communautés ont de réels besoins ! Vous ne pouvez tout de même pas quitter ces communautés et les laisser seuls avec ces besoins ! C'est là qu'intervient le L de « lier ». Une équipe de facilitateurs congolais rend visite à Yolo, Kinshasa, à une association de personnes vivant avec le sida.

---

4. *Cf.* p. 51.
5. *Cf.* p. 64.

« Nous allons bientôt mourir, dit l'un d'eux. L'ONG qui nous fournissait les médicaments antirétroviraux (ARV) a été rayée de la liste du Fonds mondial. Elle nous a fourni un dernier stock, mais il est quasi épuisé. Nous avons fait le tour du Programme national et des ONG qui soignent les malades. Partout, c'est la même chanson : "Revenez plus tard. Nous ne pouvons plus inscrire de nouveaux patients." » Un des facilitateurs prend la parole : « Savez-vous que le Centre Kimbanguiste non loin d'ici dispose d'un grand stock d'ARV qui va bientôt être périmé ? » Ils ne le savaient pas. L'équipe de facilitation a établi le lien entre le centre et l'association, dont les membres ont pu continuer à se faire soigner au moins pour quelque temps.

Et plus récemment, nous nous sommes mis à penser à SALT à partir du T de « transfert ». SALT devient TLAS : voilà que nous nous mettons à penser en verlan ! Tout se met en place lorsque d'emblée nous cherchons à transférer dans notre propre contexte ce que nous apprenons des communautés avec lesquelles nous conversons. Par exemple, si je demande à des camionneurs à longue distance ce qu'ils font pour se protéger du sida, j'obtiendrai sans doute quelque information. Par contre, imaginons que j'exprime mon propre besoin : « Je voyage autant que vous. D'accord, je voyage en avion et vous en camion. Mais le soir, la solitude est la même. Que pouvez-vous me conseiller à partir de votre expérience ? » Parce que j'exprime une demande, la réponse sera toute différente, car les transporteurs voudront m'aider. Mes questions seront authentiquement appréciatives parce que je cherche à apprendre de leur expérience. Elles stimuleront les personnes visitées parce que, par leur réflexion pour me répondre, ils renforceront leurs propres principes pour l'action. Il y a beaucoup à parier que visiteurs et visités sortiront renforcés par la conversation.

Il y a un autre candidat pour occuper le T de SALT : c'est « transformer ». Le transfert est-il possible sans transformation personnelle de celui qui transfère ? Pas mal de facilitateurs ont résisté à cette idée, jusqu'au moment où l'expérience commune est devenue irréfutable. Nous y reviendrons page 125.

Ainsi, progressivement, SALT est devenu ce qui définit la Constellation. À l'invitation de l'ONUSIDA, nous nous rendons, en avril 2011, à Kazan, la capitale du Tatarstan, à 800 km à l'est de Moscou. C'est la fin d'un long hiver, et dehors la neige sale est en train de fondre. Notre équipe initie à l'approche SALT un groupe de facilitateurs russes. Parmi eux, Sveta. Cette toute petite femme est connue dans toute la Russie, car elle a eu le courage de dévoiler sa séropositivité, et a organisé une caravane d'information et de sensibilisation dans son immense pays. Le matin, nous avons pu apprécier la clarté du propos de Sveta face aux autorités du centre de lutte contre le sida de l'État fédéré du Tatarstan. Grâce à elle, nous sommes invités, ce soir, à une réunion du Rotary Club local. Bien sûr, les membres du club s'attendent à un exposé magistral de l'expert (moi !) assorti de l'obligatoire Powerpoint. Au lieu de quoi et en rompant le protocole bien établi du club, nous nous organisons en groupes de trois ou quatre, et partageons ainsi nos forces et nos préoccupations. Le moment de surprise passé, les membres du club se prêtent de bon cœur à l'exercice. Bientôt les conversations vont bon train tout autour de la table, et le président aura quelques difficultés à y mettre fin. La conversation se poursuit en plénière, et Ian (encore lui !) sort de sa poche une boîte à sel qu'une dame lui avait offerte dix ans plus tôt à la fin d'une visite SALT à Saint-Pétersbourg. Comme la conversation est en anglais, il établit le parallèle entre le sel et l'approche SALT. Après lui, le président prend la parole. Il nous fait découvrir une cérémonie du sel, encore pratiquée aujourd'hui dans cette région musulmane de Russie ; il nous invite à partager avec le groupe quelque chose que nous apprécions, tout en tenant devant nous la boîte à sel. Lorsqu'une personne a terminé, elle prend une pincée de sel qu'elle se pose sur la langue. Voici que le président du Rotary de Kazan conclut que, comme le sel, SALT est un gage d'authenticité et de longévité ! À la fin de la réunion, les rotariens étaient déterminés à aider Sveta et son équipe dans la facilitation des réponses locales au VIH et au sida dans le Tatarstan !

SALT s'est donc inscrit progressivement dans les gènes de la Constellation. Cette approche est essentielle pour stimuler et mettre en relation les réponses locales. Grâce à elle, les outils que nous utilisons pour faciliter les réponses locales prennent vie.

Voyons dans les pages suivantes trois temps forts de la réponse locale : le rêve, l'action, et l'apprentissage. En forçant quelque peu, on pourrait parler de trois A : « aspirer », « agir » et « apprendre »...

IX

Oser rêver

« Jean-Louis, rédigeons ensemble la déclaration universelle du droit au rêve ! » Hakim vient d'achever un travail de réflexion en groupe lors de l'atelier que la Constellation organise à Casablanca sur le développement de la compétence face au sida. La question était simple : « Nous sommes en 2035. Tout le monde parle de la réussite du Maroc dans la lutte contre le sida. Exprimez par un dessin et décrivez en dix phrases ce que les Marocains font pour réussir. » Rayonnant, Hakim me confie : « Cela fait si longtemps que nous ne rêvons plus. Nous sommes tellement occupés ! Tellement sollicités ! Merci de nous avoir organisé ce temps. »

C'est vrai que nous ne rêvons plus, encore moins en groupe. « Le rêve, c'est mon domaine privé ; je ne le partage pas. » Voilà une réaction fréquente dans les groupes les moins unis. Notre réponse ? « Pas de problème. Sentez-vous libre de partager ce que vous voulez et de garder pour vous votre jardin secret ! » Plus encore, il faut oser rêver. Après tout, tant que l'on n'a pas défini le succès, on ne peut échouer. Mais on ne peut pas gagner non plus !

Quand je pense qu'au départ, notre processus commençait par une première visite, immédiatement suivie par une discussion sur le sida, structurée par un cadre d'auto-évaluation ! Je me souviens de cette réunion de quartier à Matadi, la ville portuaire sur le fleuve Congo. J'accompagne des facilitateurs de RDCCompétence qui y rencontrent les habitants sous un abri en tôles. Nous apercevons en contrebas les grues du port. Sur notre gauche le fleuve s'engage dans le chaudron d'enfer, vaste tourbillon où les embarcations venaient se perdre à jamais. À droite, en amont, se trouve la fin des cataractes, où l'explorateur portugais demanda aux habitants : « Comment appelez-vous ce fleuve ? » Ils répondirent « Nzadi ! », ce qui ne veut rien dire d'autre en kikongo que : « C'est le fleuve ! » C'est de là que vient le mot Zaïre qui pendant un temps remplacera Congo pour nommer tant le fleuve que le gigantesque pays qu'il traverse. Pendant que je me laisse entraîner par la beauté du site chargé d'histoire, les gens du quartier sont arrivés, et la réunion peut commencer. Notre facilitateur récemment formé se présente, les gens écoutent. Il peine. Comment va-t-il introduire le sujet ? Il tourne autour du pot ! Pourtant, il n'y a rien à faire, il lui faut bien dire : « Aujourd'hui nous allons faire le point du sida ! » Le malaise est palpable. Il disparaîtra progressivement au cours de la session, mais lors de la revue après action, nous tombons d'accord pour explorer une étape supplémentaire, qui précéderait l'auto-évaluation : celle du rêve.

Nous décidons de tester l'étape du rêve dès le lendemain, au Camp Tshel, logement de prostituées à Matadi. Nous avons vu page 39 comment nous avons entamé la conversation. L'ambiance est décontractée, car ces dames s'attendent plutôt à la énième présentation sur le sida, y compris la démonstration de l'application de préservatifs sur un pénis en bois... Puis nous demandons quels sont les rêves de ces dames. « Moi, dit l'une d'entre elles, j'en ai bientôt fini avec ce travail. Je vais bientôt pouvoir ouvrir une boutique à Kinshasa. » « Moi, dit l'autre, je suis amoureuse d'un marin qui vient régulièrement à Matadi. Je crois bien que la prochaine fois il m'emmènera avec lui. » Une autre dit que pour elle tout va bien, elle qui est plus âgée se plaît bien à Matadi... Les hommes du camp écoutent, la plupart debout en un deuxième cercle plus lâche autour de celui que nous formons. Une des prostituées pose la question aux hommes : « Mais vous, vous ne dites rien ? Vous n'avez pas de rêve pour l'avenir ? » Les garçons qui accompagnent les filles sur les bateaux pour les aider à traduire les préliminaires veulent ouvrir une vraie boîte d'interprètes. Le propriétaire veut installer l'eau dans toutes les maisons. Un homme plus âgé, un juge sur la place de Matadi, dit combien il est heureux de vivre dans cette communauté ! À cette époque, nous n'aurions pas pensé à partager nos propres aspirations, car nous étions encore coincés dans nos rôles de facilitateurs. Toujours est-il que ce partage nous permet tout naturellement d'introduire la question du sida dans la conversation. « Dites, le sida ne risque-t-il pas de détruire tous ces rêves ? » Tout le monde approuve, et demande à faire le point de la question avec les autres filles. « Vous comprenez, vous avez choisi un mauvais jour pour une discussion aussi importante. C'est dimanche, et pas mal de filles dorment encore. Revenez et vous verrez nous serons toutes là. » La session suivante a bien eu lieu, et les habitants du camp Tshel se sont dotés d'un plan d'action pour faire face au sida. Entre autres actions, les habitants se sont portés volontaires en grand nombre pour le dépistage du VIH.

Quel que soit l'enjeu qui préoccupe la communauté, nous invitons cette dernière à formuler sa propre définition de la réussite. Pour cela, nous l'encourageons à porter son regard au-delà du court et du moyen terme. Sans cela, les membres de la communauté pratiquent rapidement l'autocensure. Par exemple, une communauté qui veut vivre en paix pourrait se dire : « Non, ce serait super de vivre en paix avec tous nos voisins, mais en dix ans ce ne sera pas possible. » En portant son regard vers un horizon plus éloigné, la formulation du rêve se fait sans contrainte. Par exemple, les facilitateurs belges de BelCompétence, notre organisation membre belge, ont dessiné un cercle de mains de diverses couleurs pour exprimer leur rêve de la Belgique de demain.

C'est fascinant de voir combien le rêve évolue au fil du temps. Les communautés qui pour la première fois réfléchissent à la réussite face au sida tendent à se limiter aux aspects tangibles, l'accès aux soins et au préservatif. L'année suivante, d'autres aspects tout aussi essentiels, mais moins matériels, tendent à prendre plus de place, tels que le dialogue au sein du couple, la réduction de la consommation de l'alcool, l'inclusion des familles affectées par le sida, l'harmonie des relations entre hommes et femmes, le respect des minorités sexuelles, le développement des capacités de gestion de la réponse par la communauté. Les représentations successives du rêve de la communauté documentent ainsi son expérience croissante née de sa propre réponse et de celle d'autres communautés dont elle se sera inspirée.

L'impact sur une communauté de la formulation du rêve est immédiat : ses membres se sentent plus proches ; grâce aux contributions d'autres membres de la communauté, ils découvrent différents aspects de la réussite. Ils perçoivent mieux ce qu'ils peuvent faire ensemble pour progresser.

La formulation du rêve mène naturellement à l'action. Certains passent à l'action sans attendre.

À ce sujet, voici l'histoire que nous raconte Risya Kori. Risya était venue avec le groupe d'Indonésiens rendre visite aux communautés de Thaïlande du Nord pour apprécier leurs réponses face au sida, puis au sein du FNUAP (Fonds des Nations unies pour les activités de population), elle a servi de liaison entre la Constellation et les leaders de trois villes indonésiennes qui avaient participé à la visite : Pontianak, Singkawang et Merauke. Après avoir quitté le FNUAP pour rejoindre le PNUD (Programme des Nations unies pour le développement), elle applique notre approche appréciative dans le cadre de son projet de développement des droits humains, principalement ceux de la femme. Voici une traduction libre de ce qu'elle écrit :

« Quand les gens commencent à se parler, des choses incroyables peuvent se produire. Un jour, je me suis rendue à Pulooro, un petit village du district de Konawe, dans le Sulawesi du Sud-Est. À partir de Kendari, capitale de la province, nous avons roulé en voiture pendant environ une heure et demie, puis nous avons loué des motos-taxis pour faire les 16 km environ qui séparent Pulooro de la route principale. Pulooro n'a pas d'école. Cependant, un centre de santé avec des services limités existe. L'approvisionnement en électricité est limité, lui aussi. La plupart des gens vivent de l'agriculture. Personne ne semble intéressé à améliorer l'accès au village ; le chemin qui mène à la route principale n'est praticable qu'en moto, ce qui représente un coût élevé pour les villageois. L'école, située en dehors du village, impose aux enfants une longue marche. Au début, ils le font avec entrain, mais certains ont abandonné l'école parce qu'ils étaient trop fatigués de faire tous les jours ce voyage désagréable.

Sur le chemin du retour, un des pilotes de moto m'explique : "Le chef du village vit à l'extérieur, à proximité de la route principale. Il a un bon train de vie, avec ses deux voitures dans le garage de sa villa. Il fait tout pour empêcher quiconque de rendre visite à Pulooro depuis qu'il est impliqué dans l'exploitation illégale de la forêt du village, et ce n'est qu'une de ses façons de voler l'argent du peuple." Peu de temps après, j'ai proposé à un ami de l'ONG qui travaille avec cette communauté de leur offrir notre approche pour qu'ils décident de leur vision et agissent pour la réaliser.

Nous avons été accueillis par des centaines de membres de la communauté installés dans une salle, assis comme en classe. Le chef du village leur faisait face avec son équipe. Comme nous sommes arrivés au village assez tard le soir, nous n'avons pas eu le temps d'arranger la salle de manière plus conviviale. Nous savions que les membres de la communauté avaient reçu instruction de ne pas parler. Le chef avait même nommé quelqu'un pour être le porte-parole et répondre à toutes nos questions. Nous devions trouver quelque chose pour briser la glace, car nous en avions assez d'entendre le porte-parole nous répondre. Soudain, mon amie de l'ONG prend la parole et dit : "Nous sommes ici pour vous écouter. De quoi rêvez-vous pour votre communauté ? Si vous rêvez que vos enfants aillent à l'école, et que vous puissiez vendre à l'extérieur vos produits de la ferme, vous en avez le pouvoir, ici à Pulooro !"

Un moment de silence passé, une dame se lève et commence à parler de ses préoccupations et de son rêve pour la communauté... D'autres membres suivirent son courageux exemple et se mirent à parler. À la fin de la visite, nous sentions que la salle était remplie par leur énergie. C'était la première fois depuis longtemps qu'ils avaient pu partager leurs préoccupations et leurs rêves. Six mois plus tard, mon ami de l'ONG m'a annoncé la nouvelle : la dame qui avait parlé en premier lieu avait remplacé le chef du village après avoir gagné les élections et le gouvernement est déjà en train de réparer la route du village... »

Voilà comment la discussion publique de leur vision permet aux membres d'une communauté de libérer leurs forces pour la réaliser.

Quand j'ai lu l'histoire de Pulooro sur notre plate-forme d'échange en ligne, je me suis demandé s'il n'était pas temps pour nous, les habitants des villes et villages européens, de reprendre en main la gestion de nos cités ? Et si, plutôt que de nous en remettre aux administrations, nous générions notre propre vision du futur pour ensemble la réaliser ?

Il a suffi aux habitants de Pulooro d'exprimer leur rêve pour qu'ils passent à l'action. Dans d'autres cas, le facilitateur accompagne la réflexion de la communauté pour lui permettre de traduire le rêve en termes concrets. Voici, par exemple, le témoignage de John Piermont Montilla du Kabataang Gabay SA Posittigong Pamumuhay, en français « Pairs pour une vie positive. »

« Je suis Philippin et notre organisation travaille dans le sud des Philippines avec les enfants en difficulté – travail des enfants, exploitation, prostitution. Pendant longtemps, j'ai cherché le moyen d'aider les enfants à changer leur comportement. Puis, j'ai découvert la force du rêve. J'ai constaté qu'en partant des rêves des enfants, en les aidant à construire ou à reconstruire ces rêves, ils retrouvent une direction dans leur vie. Cela leur permet d'aller de l'avant. Ce que nous avons fait dans notre organisation est très efficace. Chaque enfant a son rêve. Il le partage avec les autres ; ensuite ils construisent leur vision commune et cela leur donne le sens d'être en communauté. Pendant ces discussions [sur le rêve individuel et collectif], nous n'avons pas évoqué les risques du sida. Plus tard, au cours des conversations qui ont suivi, les enfants ont commencé à parler des risques qu'ils prenaient par rapport au VIH. Comme ils avaient évoqué le sujet, nous avons facilité une auto-évaluation de leurs risques en utilisant une grille spécifique à leur situation. Ils ont ensuite établi leurs propres cibles de changement. Maintenant ils ne sont plus gênés de parler de leurs comportements à risque. Ils en parlent non seulement à leurs pairs, mais aussi aux leaders communautaires. Ils sont fiers de dire : "Je veux changer tel comportement." Cela met la pression sur les leaders : maintenant, ils se mettent à chercher des programmes et des budgets pour appuyer les enfants dans leur changement. Maintenant que les enfants veulent réaliser leur rêve, les adultes se mettent à croire en eux. Les enfants s'en rendent compte et se disent : "Même si je suis ainsi, il y a malgré tout des gens qui croient en moi." Certains enfants ont repris l'école, sont en apprentissage ou ont trouvé un travail qui ne les exploite pas. »

Dans cet exemple, John décrit comment à partir du rêve des enfants, il les accompagne vers l'action. Voyons comment dans les pages suivantes.

X

Agir ensemble

L'équipe de facilitateurs invite à présent la communauté à dériver de son rêve les grandes actions qu'elle devra entreprendre pour le réaliser. Nous appelons ces grandes actions des « pratiques ». Quelle que soit la préoccupation du groupe (le sida, la malaria, le diabète, la paix sociale, la violence domestique, la santé de la reproduction, etc.), les pratiques qu'il se propose de mettre en œuvre peuvent être caractérisées et ainsi regroupées selon les étapes suivantes :

1. Nous savons dans quelle mesure le problème nous affecte et nous le reconnaissons.
2. Nous impliquons les familles affectées dans notre réflexion et notre action.
3. Nous prévenons le problème (ici viennent une ou plusieurs pratiques spécifiques de prévention).
4. Tous ceux qui sont affectés par le problème reçoivent l'attention et les soins nécessaires.
5. Nous mesurons notre progrès et adaptons nos actions.
6. Nous nous inspirons de l'expérience d'autrui et partageons la nôtre.
7. Nos relations entre hommes et femmes nous permettent de vivre tout notre potentiel, quelles que soient nos différences.
8. Nous collaborons de manière à ce que chacun puisse contribuer.

9. Nous mobilisons d'abord nos propres forces et mobilisons des ressources extérieures si nécessaire.

Il n'y a pas si longtemps, l'équipe de facilitation sortait de sa poche une liste préétablie de pratiques issues d'exercices semblables menés dans d'autres pays. Ce faisant, elle dépossédait la communauté de son processus. L'appropriation et le passage à l'action en étaient affectés.

C'est à Mumbai, en juillet 2008, que j'ai vraiment compris pourquoi il fallait que les communautés génèrent leur propre cadre pour l'action. Notre réunion regroupe une soixantaine de membres d'associations nationales vers lesquelles nous transférons notre approche avec l'appui de la Banque asiatique de développement. Nous en sommes à la dernière réunion, au cours de laquelle les associations sont invitées à partager leur expérience du développement de la compétence face au sida. Mais quelque chose cloche. Nous avions imposé les pratiques qui devaient servir de base pour l'échange et, qui plus est, le cadre était rédigé en anglais ! À Mumbai, nous nous jetons à l'eau : s'il vous plaît, regroupez-vous en groupes linguistiques et décrivez dans votre langue les pratiques qui mèneront à la compétence face au VIH et au sida ! Pas moins de sept groupes linguistiques se forment et se mettent au travail. Quelques heures plus tard, le travail est terminé. Tout à coup, le groupe du Karnataka, dont la capitale est Bangalore, se lève, danse et chante dans sa langue, le kanada. Les autres groupes suivent spontanément pour danser et chanter en hindi, urdu, tamil, etc. Le dernier groupe chante en anglais, et tout le monde participe. Comment vous transmettre la joie du moment ? Comment décrire cette énergie qui partira de Mumbai pour alimenter le développement de la compétence face au sida en Inde ?

Depuis, nous avons cessé d'imposer un cadre venu de l'extérieur. Rebeka Sultana l'a bien compris. Rebeka vient du

Bangladesh. Dans son pays, elle était responsable d'un centre de santé familiale. Ayant suivi son mari en Indonésie, elle s'est intéressée à l'approche de la Constellation, et l'a adaptée à la question de la relation entre genres. Nous avons travaillé ensemble avec les facilitateurs indonésiens dans le site magnifique de Jayapura, capitale de la Papouasie, la partie occidentale de l'île qui fait partie de l'Indonésie. Là, les montagnes volcaniques plongent directement dans la mer qu'elles découpent dans un enchevêtrement de côtes et de lacs bordés de végétations luxuriantes. C'est dans ce décor idyllique que se passent de nombreux drames de violence domestique, et plusieurs communautés veulent y remédier. Voici ce que Rebeka écrit : « Dès que nous avons rencontré les membres des communautés, nous nous sommes rendu compte qu'il nous fallait nous débarrasser des concepts de violence basée sur le genre, du concept même de genre et de tout ce qui s'ensuit. Nous nous sommes dit : apprenons de leur expérience. Ainsi, à la fin de la semaine, la communauté a développé son propre cadre d'évaluation, dans sa propre langue. Vous et moi, nous avons l'expérience professionnelle pour développer un cadre d'auto-évaluation magnifique, mais il ne reflétera pas nécessairement les aspirations d'une communauté spécifique. Cette semaine-là, avant même que la communauté ait développé son cadre d'auto-évaluation, nous avions compris l'essentiel : engageons dans l'atelier la communauté et les diverses personnes qui la composent. C'est de leur enjeu qu'il s'agit, non pas du nôtre, les visiteurs. »

Ainsi, la communauté aura défini le cadre qui va guider son action. Une action encadrée par deux auto-évaluations au cours desquelles la communauté se donne des niveaux de 5 à 1 pour chacune des pratiques. Nous définissons au préalable les niveaux sur lesquels se base l'évaluation, puis nous les illustrons en donnant un exemple, tel que « se laver les dents » :

5. Nous agissons de manière naturelle : « Je me sens sale quand je ne me lave pas les dents. »

4. Nous agissons de manière volontaire et systématique : « Je fais l'effort de me laver les dents matin et soir, mais parfois ma femme doit me le rappeler. » (Ça, c'est quand un homme facilite !)

3. Nous agissons de manière sporadique : « Je me lave les dents quand j'ai le temps. »

2. Nous sommes suffisamment informés pour agir (mais ne faisons rien) : « Je sais comment me laver les dents. »

1. Nous avons conscience de la pratique (mais ne voyons pas comment faire) : « Je sais que je devrais me laver les dents. »

Appliquons maintenant cette échelle à la pratique de l'inclusion des familles affectées par le VIH. Voici une formulation possible :

5. Les membres des familles affectées participent pleinement à la vie de notre communauté.

4. Nous veillons à l'inclusion systématique des familles affectées à l'école, sur les lieux de travail, au marché et dans les événements sociaux. Nous traitons systématiquement les incidents de discrimination.

3. Nous posons de temps en temps un geste, mais au fond, nous discriminons.

2. Nous savons comment inclure les familles affectées, mais ne faisons rien.

1. Nous voudrions inclure les familles affectées, mais comment faire ?

Notons que le niveau 5 décrit la pratique lorsque la communauté aura réalisé son rêve. C'est pourquoi nous avons trouvé plus naturel de décrire l'échelle de performance pour chaque pratique en partant du niveau 5, car ce dernier vient d'être formulé.

Voyons au niveau de la communauté comment est vécu le processus. À présent que notre communauté a adopté les pratiques qui nous mènent au succès, et que nous comprenons les niveaux d'auto-évaluation, nous voici prêts pour la conversation qui nous permettra de cerner notre performance actuelle. Pour savoir où nous en sommes, réfléchissons et proposons un niveau pour la communauté, tout en donnant les faits qui motivent notre évaluation.

« Pour l'inclusion, c'est clair, dit le chef de cette bourgade sur la route de Masaka en Ouganda, vers le Rwanda. Nous sommes au niveau 5. Le monde entier salue l'Ouganda pour ses progrès face au sida ! » Les femmes, pourtant généralement réservées dans cette partie du monde, se moquent gentiment du chef. « Mais, chef, vous savez bien que nous rejetons les familles qui ont un malade en leur sein ! Il n'y a pas longtemps, nous avons demandé à cette famille venue du Rwanda de passer son chemin parce que le mari avait tous les signes de la maladie ! » Un long débat s'ensuit. Petit à petit, la réalité prend corps, nourrie par les contributions, souvent contradictoires, des uns et des autres. Le chef accepte de revoir son évaluation. On se met d'accord sur le niveau trois et l'on décide d'inviter une personne de la communauté qui vit avec le sida à la prochaine réunion de la bourgade. À ce moment-là, on s'inspirera de son expérience pour décider des actions à mettre en œuvre pour en finir avec la discrimination.

L'auto-évaluation, spécifique à la communauté, lui offre un espace pour construire son identité. Un espace aussi pour faire circuler des informations vitales, parfois de manière inattendue. Autre exemple : c'était à Madagascar, il y a quelques années. L'équipe du bureau d'une agence des Nations unies fait l'auto-évaluation de sa compétence face au VIH. Tout le monde est présent, depuis les gardiens jusqu'aux cadres. Ils en sont à évaluer leur pratique de la prévention du VIH. Un cadre prend la parole : « Nous savons tous combien nos routes sont dangereuses. Comme nos activités nous amènent à voyager constamment par la route, nous pourrions être blessés dans un accident et être transfusés. Or, nous ne savons même pas dans quel hôpital le sang est dépisté pour le VIH ! » Un chauffeur répond : « Mais nous, nous le savons ! L'association des chauffeurs des Nations unies tient à jour une liste des hôpitaux qui dépistent le VIH dans le sang à transfuser ! »

Un dernier exemple parmi tant d'autres ? Un village dans la Région de Sikasso, au Mali. Hommes et femmes ont formé des groupes séparés pour faire l'auto-évaluation de la communauté face au VIH, et en sont à la mise en commun des résultats. En ce qui concerne les relations entre hommes et femmes, nous sommes au niveau 5, disent les hommes. Non, disent les femmes. S'il y avait un niveau zéro, c'est celui-là que nous nous serions donné ! Le débat public a lieu. On ne tombera peut-être pas tout à fait d'accord, mais parions que des actions seront entreprises ! Hélas, je n'ai pu assister à la fin des débats...

Quel que soit l'enjeu ou le lieu, la tendance est toujours la même : les hommes et les cadres dépeignent la situation en termes plus généraux quant aux faits, et plus généreux quant au score. Les femmes et les travailleurs tendent à être plus concrets et plus réalistes. Au facilitateur de ne pas paniquer, mais de gentiment demander de justifier les positions. Ainsi la communauté construit la réalité sur laquelle elle agit pour progresser.

Ces actions sont de nombreux ordres, mais on peut les regrouper. Il y a d'abord la recherche d'informations nécessaires pour l'action. « On entend parler du sida, mais nos connaissances sont superficielles ! » L'équipe de facilitation mettra la communauté en relation avec une ressource disponible localement pour répondre aux questions. « Nous voudrions arrêter la discrimination dans notre quartier, mais comment faire ? » Là encore, l'équipe de facilitation met la communauté en relation avec une autre communauté qui a déjà progressé par rapport à la question.

Ensuite, il y a l'utilisation des services de soins et de prévention. « Nous voulons connaître notre statut sérologique », disent plus de 400 prisonniers (sur 600) de la prison de Kananga en RDC. « Dorénavant, nous utiliserons un préservatif lors de nos campagnes de pêche », décide une communauté de Mbandaka en RDC. Souvent, les communautés mettent la pression sur les prestataires de services pour qu'ils soient disponibles en quantité suffisante ! À Madagascar, une communauté d'une province lointaine est venue faire le siège du directeur exécutif du Conseil national de lutte contre le sida, exigeant qu'une équipe descende sur le champ pour faire le dépistage de toute la communauté. Ce qui fut fait !

Il y a aussi toutes les actions menées localement sans qu'aucun service extérieur ne soit en jeu. Ainsi, des communautés se cotisent pour soutenir des orphelins du sida ; les femmes du Nord Togo s'organisent pour gérer le programme de lutte contre la malaria ; les jeunes de Walis Station, quartier de Mount Hagen en Papouasie-Nouvelle-Guinée, organisent chaque mercredi une soirée « café », sans alcool ni drogue ; des communautés de Thaïlande accueillent les prostituées rentrées au village parce que, séropositives, elles ont perdu leur emploi.

Six mois ou un an plus tard, les communautés refont leur auto-évaluation pour faire le point et adapter leurs actions. La communauté de Ta Wang Tan près de Chiang Mai fait cet exercice depuis 2004. Les membres vous montrent les résultats de leurs auto-évaluations successives et vous expliquent comment les priorités ont évolué au cours du temps. Ils vous racontent comment ils ont réduit la discrimination, montrent le centre qu'ils ont ouvert pour les jeunes, expliquent comment ils aidaient les personnes vivant avec le VIH avant que les médicaments antirétroviraux leur rendent l'espoir d'une vie quasi normale, détaillent ce qu'ils font pour aider les couples discordants (où une personne est atteinte, l'autre pas) à surmonter leurs difficultés. Aujourd'hui, ils approchent le VIH dans le contexte plus large des grossesses non désirées chez les adolescentes...

Ta Wang Tan illustre bien comment elle a adapté ses actions au fil du temps. Dans le chapitre suivant, voyons comment les communautés apprennent d'autres communautés pour adapter leur action.

XI
Apprendre ensemble

Le politicien belge Achille Van Acker est resté célèbre grâce à ces termes, prononcés avec un fort accent : « z'azis, puis ze réflécis ! » Au moins lui réfléchissait. Comme Achille Van Acker, la Constellation est accro à la réflexion après l'action (RAA). Il ne se passe pas d'événement sans que ses facilitateurs ne confrontent leurs perspectives. Fondamentalement, ils se posent trois questions : « Que s'est-il passé de positif, et pourquoi ? Qu'aurait-il pu se dérouler mieux, et pourquoi ? Que retenons-nous pour les prochaines fois ? » Le processus est fastidieux ? Non, pas du tout. Tant que la volonté d'apprendre est authentique, la réflexion pour l'action est source inépuisable de joie.

Geoff et moi avons rendu visite en 2004 à l'École de santé publique de Rio de Janeiro. Au cours de la préparation de la visite, j'avais demandé de consacrer une matinée à la visite d'une *favela* qui ne devait pas poser trop de problème logistique. En effet, il suffisait de traverser une route et un canal pour y aller ! Au retour de la visite, que nous avions faite avec deux cadres de l'école, nous tenons notre fameuse RAA, debout dans une rue attenante à la grand'route.

« – Je suis très heureuse, me dit l'assistante qui a organisé la visite. C'est la première fois que des visiteurs me demandent de faire une telle visite !

– Moi aussi j'ai été heureux de me balader avec vous dans la *favela* et de rendre visite à toutes ces ONG qui œuvrent au mieux-être de ses habitants. Je m'attendais cependant à pouvoir converser avec eux, plutôt qu'à des responsables d'ONG qui n'y résident pas !

– Mais pourquoi ne me l'avez-vous pas demandé ?

– Désolé de ne pas avoir été explicite, mais pour moi, c'était évident. »

Un moment de silence s'installe, nous réfléchissons. Ce que nous ferons mieux la prochaine fois est limpide : nous ferons une demande plus explicite.

Lorsque nous travaillons en groupe pour quelques jours, j'aime beaucoup ce moment particulier de réflexion sur la journée précédente : avant de reprendre nos travaux, nous nous retrouvons debout en cercle pour partager les réflexions que nous aurions pu avoir la nuit ou au réveil, ou tout simplement en retrouvant le groupe. Le moment est calme. Le rythme est lent. C'est à ce moment que le pasteur, touché par la visite que nous avions rendu à une famille de Port Moresby [1], nous présente son épouse et sa fille. « Je n'ai pas dormi de la nuit. Quand ma femme m'a demandé pourquoi, et que je lui ai expliqué comment l'approche de la Constellation était en train de bouleverser toute ma façon de faire, elle a proposé de m'accompagner et d'emmener notre fille. Je suis heureux de vous les présenter. » Dans un tout autre contexte, Mike, facilitateur de RDCCompétence confiera un matin : « Ça y est, j'ai compris, SALT n'est pas un protocole pour nos visites, c'est une manière de vivre. »

Être prêts à ce que nos expériences remettent en cause nos certitudes. Toutes nos certitudes. Et cela grâce à l'éclairage des perspectives du groupe sur ce qui s'est passé. Chacun de nous n'a qu'une perception du réel et, lorsque nous sommes

1. *Cf.* p. 39.

confrontés à un événement inattendu, nous avons tendance à agir sur la base d'une hypothèse qui explique l'événement. Voici une histoire pour illustrer mon propos. Il est 19 h 00 ce 20 juin 2011. Rui Maquene nous ramène de Boëne à Maputo où il travaille pour Handicap International, alors qu'une première journée passée avec les facilitateurs du Mozambique s'achève. Après un trajet de 30 km, nous nous arrêtons à un feu rouge au sommet d'une colline. Les membres de l'équipe devisent à l'arrière de la voiture. Rui profite de l'arrêt pour répondre à ses textos. La nuit est tombée, et l'écran de son téléphone éclaire faiblement son visage. Il est concentré sur la tâche : il organise avec son équipe les visites SALT du lendemain pour 100 participants, ce n'est pas une mince affaire ! Pendant qu'il écrit, nous sentons un choc à l'arrière de notre véhicule. Rui arrête de rédiger et lève la tête tout en se demandant ce qui nous a percutés ! Je discerne une certaine colère sur son visage. « *Take it easy*, lui dis-je, c'est nous qui avons tamponné le véhicule derrière nous, et non l'inverse ! Notre voiture a reculé pendant que tu étais concentré sur tes textos. » Rui sort de notre véhicule et va à la rencontre de l'autre conducteur. Ils ne remarquent aucun dégât. Nous repartons bientôt vers Maputo dans la bonne humeur.

Lorsque des membres de la communauté expriment des perceptions différentes de la réalité, la facilitation crée « l'espace » pour la conversation qui amènera chacun à une compréhension nouvelle de ce qu'il a vécu. Tout l'art de la facilitation consiste à découvrir le rythme naturel qui permettra au groupe de s'exprimer, de réfléchir et d'apprendre en vue de l'action. Ce rythme est fait de débats, mais aussi de profonds silences, et il faut savoir les faire observer. Le groupe en sort renforcé, parce qu'il s'est ainsi rapproché de la réalité qui l'unit.

Jusque-là, nous avons relaté la discussion et la réflexion au sein d'un même groupe. Mais comment procéder lorsque plusieurs communautés se rencontrent pour apprendre l'une de l'autre ? Distinguons deux situations : celle où une communauté rend visite à une autre communauté pour progresser sur une pratique spécifique, et celle où de nombreuses communautés partagent leur expérience d'une même pratique dans divers contextes afin d'en dégager des principes d'action communs. Nous appelons le premier processus l'assistance par les pairs, le deuxième le festival du savoir.

L'assistance par les pairs n'est autre qu'une conversation organisée pour découvrir et apprécier ce qui dans l'expérience d'autrui peut être « extrait » et adapté pour faire face à un enjeu précis. Par exemple, une communauté souhaite progresser vers l'inclusion des minorités sexuelles en son sein. Elle rendra visite à une autre communauté où ces minorités vivent en harmonie dans la société. Au cours de l'assistance par les pairs, les visiteurs commencent par exprimer leur besoin. Plus spécifique sera leur requête, plus grandes seront leurs chances d'obtenir des réponses ! Ensuite viennent les questions des hôtes, pour mieux comprendre et apprécier la situation des visiteurs. Ce n'est qu'alors, et après réflexion, que viendront les suggestions basées sur l'expérience des hôtes. Les visiteurs écoutent avec la sérénité et l'attention nécessaires pour que survienne la « résonance ». « Vous nous avez raconté comment le progrès a commencé lorsque quelqu'un a invité une personne transsexuelle à être vendeuse dans son magasin, et oui, en effet, cela je vois comment le faire chez nous. Je vais inviter Unetelle à l'essai dans mon atelier. Comment n'y ai-je pas pensé plus tôt ? »

À la fin d'une série de visites d'appréciation des réponses de communautés du nord de la Thaïlande, visiteurs et hôtes tiennent ensemble une journée de festival du savoir. Lawan et moi rejoignons Tew et MariJo pour partager notre expérience sur l'inclusion dans la société des personnes vivant avec le VIH.

Tew est volontaire pour la santé à Ta Wang Tan ; MariJo Vazquez, écrivain, vit à Barcelone. Toutes deux vivent avec le sida. Lawan nous sert d'interprète. Nous sommes assis en cercle sur la moquette de cette salle de réunion de notre hôtel à Chiang Mai. Tew raconte, raconte, et raconte encore comment tout a commencé et tout ce qu'elle a vécu. Comment elle a donné son temps et son énergie à rendre visite aux familles touchées par le sida. Comment, illettrée, elle se fait accompagner par un jeune pour rédiger son rapport. MariJo fait écho par son expérience de femme vivant avec le sida. Les deux femmes réfléchissent. Tew : « Au fond, tout aurait été plus facile si nous n'avions pas fait l'objet de tant d'attention. Si c'était à refaire, nous demanderions de ne pas trop en faire, mais de nous considérer comme des personnes normales... » MariJo renchérit : « Cela correspond à mon expérience en Europe ! » Lawan traduit à travers ses larmes. Bientôt nous pleurons tous les quatre (rien qu'à écrire ces lignes, j'en pleure encore !). La séance se termine et nous nous embrassons. Cette conversation a produit un principe commun : pour inclure les personnes vivant avec le VIH ne leur donnons pas de statut spécial, mais considérons-les comme des personnes normales, ni plus ni moins. Imaginez que diverses communautés de par le monde mènent d'autres conversations au cours desquelles elles se réfèrent à leur propre expérience pour valider et au besoin nuancer ce principe. Une sagesse naîtrait de l'expérience collective !

Voici un autre exemple de festival du savoir. C'est celui au cours duquel Rabindran a décidé de changer son attitude par rapport aux personnes homosexuelles [2]. Dans notre sous-groupe, nous sommes une dizaine de personnes à discuter de la pratique : « Réduire notre vulnérabilité ». Une dame prend la

---

2. *Cf.* p. 61.

parole et raconte son expérience. « J'anime depuis de nombreuses années une ONG à Lampang dans le Nord de la Thaïlande. Nous formons de jeunes pairs-éducateurs dans le domaine de la santé de la reproduction. Depuis un certain temps, Jiew, une paire éducatrice que j'appréciais énormément ne venait plus à nos réunions. Elle avait disparu... Inquiète sur son sort, je m'enquiers discrètement de ce qu'elle est devenue. Bientôt j'apprends que Jiew est enceinte et, quelques semaines plus tard, que son problème était "résolu" ! Lorsque Jiew est enfin revenue après plusieurs mois d'absence, je lui ai fait part de ma tristesse, car j'aurais tant voulu l'aider à traverser son épreuve. La réponse de Jiew ? "Tu as toujours exigé la perfection. Je ne voulais pas te décevoir." Depuis ce jour, j'ai décidé de ne plus exiger la perfection, mais plutôt d'aider les jeunes à apprendre à partir de leurs erreurs. » La dame se tait, émue ; le silence s'installe. Les membres du groupe réfléchissent. Puis un Cambodgien dit : « Mais, moi aussi, j'ai une expérience similaire ! » Puis il commence à la raconter, cette fois dans le contexte de jeunes enfants de la rue à Phnom Penh. Ainsi se construit progressivement une « perle de savoir » qui regroupe les principes communs pour l'action, les expériences dont ces principes sont dérivés, le contact des personnes qui peuvent en donner les détails.

Pas facile, ce processus, car il exige plusieurs compétences. D'abord, il faut savoir raconter son expérience de manière succincte, et en distiller les leçons apprises. Ensuite, il faut savoir écouter pour apprécier ce qui, dans l'expérience d'autrui, « résonne » avec la sienne. Or, en général, on écoute plutôt pour trouver la différence qui justifierait notre refus d'apprendre de ce qui est partagé. « Super ce que vous avez fait, mais vous venez d'un pays pauvre, riche, catholique, musulman, etc. » Tant que nous trouvons, au nom de notre propre culture, une différence qui nous permette d'expliquer que nous ne pouvons rien apprendre d'autrui, nous ne devons pas remettre en cause nos propres façons de faire. C'est exactement ce que le siège d'ONUSIDA a fait concernant l'expérience de Phayao. Il était plus commode de rejeter pendant des années l'expérience de la Thaïlande du Nord au nom de ses différences socioculturelles, plutôt que de rechercher les principes pour l'action qui se dégageaient de son expérience afin de s'en inspirer dans la formulation des stratégies mondiales de lutte contre le sida. Une telle démarche aurait en effet dérangé les certitudes de « la communauté internationale ».

Nous l'avons vu, la combinaison de la conversation, de la réflexion et de l'action renforce la communauté qui la pratique. Dès lors, n'est-il pas tout naturel qu'elle utilise cette capacité renforcée pour relever n'importe quel défi qui viendrait au-devant d'elle ? Car si l'expert distingue des enjeux spécifiques tels que le sida, la malaria ou la violence intrafamiliale, ce qui nous intéresse en temps qu'humains, c'est de vivre mieux. N'est-il pas tout aussi naturel que les facilitateurs voient différemment leurs propres relations après avoir été inspirés par les forces de communautés en train de réaliser leur vision d'un avenir meilleur ? Peut-on s'attendre aussi à ce que les personnes ainsi transformées influencent les organisations auxquelles elles appartiennent ?

XII

Il s'agit de la vie !

En route pour « En vrac », hôtel situé sur la route du Bas-Congo, à la sortie de Kinshasa. Le trajet paraît interminable, car la voiture qui nous y mène roule sur la moitié des cylindres, et la côte est longue et raide ! Nous quittons les rives du pool Malebo, où le « fleuve-majesté » (c'est ainsi que l'hymne national du défunt Zaïre nommait le fleuve Congo) s'étale sur plusieurs dizaines de kilomètres de large avant de s'engager dans les cataractes qui verront la fin de l'expédition de Philippe de Dieuleveult. Nous voici arrivés à l'hôtel. Devrait-il son nom aux constructions de bric et de broc qui vont nous abriter ? Non, c'est simplement le nom du lieu-dit où il a été construit, à proximité d'un marché de produits en gros. De l'hôtel, on devine le pool sur la gauche, et devant nous s'étalent les montagnes verdoyantes du Bas-Congo. Rien qu'à voir ces montagnes, je me souviens de mes tournées en brousse, lorsque j'étais médecin chef de zone à Kisantu, 80 km plus loin. Je retrouve quelques mots de kikongo, et le soir, le vin de palme...

C'est là que les facilitateurs de RDCCompétence, dont la moyenne d'âge ne dépasse pas trente ans, vont jouer leur va-tout. Ils ont trois jours, du 3 au 6 mai 2010, pour gagner à leur cause les autorités du Programme national multisectoriel contre le sida (PNMLS), y compris les antennes provinciales. Le projet MAP (Multi-country AIDS Project) de la Banque mondiale allait se terminer dans moins d'un an, mais j'avais convaincu le chargé de projet de soutenir une composante d'appui aux réponses locales dans tout le pays, à exécuter en huit mois. Compte tenu du contexte, de la lourdeur administrative, des difficultés de communication dans ce pays grand comme quatre fois la France, c'était de la pure folie !

Qu'est-ce que j'étais fier au cours de ces trois jours ! Au départ, les vieux routiers des directions provinciales, habitués aux projets d'aide internationale étaient sceptiques. Comment, pas d'ouverture officielle, mais un simple mot de Dédé Watchiba, le directeur exécutif ? Et pourquoi nous invite-t-on à nous asseoir en cercle ? D'accord, nous sommes presque au village, sur la route du Bas-Congo, mais comment allons-nous présenter nos Powerpoint ? Et puis, ces jeunes chômeurs, qu'est-ce qu'ils peuvent bien apporter ? Pas à pas, les jeunes ont proposé aux cadres du PNMLS d'apprécier davantage les forces des communautés que de se satisfaire de l'analyse de leurs faiblesses et de se mettre à leur écoute plutôt que de répéter à l'envi des messages stéréotypés. Ils l'ont fait avec un mélange de fermeté, d'intelligence et de souplesse acquis en plus de cinq ans de pratique régulière. Les cadres ont été conquis. Oui, allons-y. Faisons le pari que, dans huit mois, dans chacun des douze chefs-lieux de province et dans trois villes « chaudes » du pays (Tshikapa, Bunia, Kasumbalesa pour les férus de géographie), quinze communautés pourront démontrer par elles-mêmes, par deux auto-évaluations successives, qu'elles auront progressé face au sida. Pour ce faire, mettons sur pied dans chaque ville une équipe mixte PNMLS-RDCCompétence qui stimulera et mettra en relation les réponses locales. Le lundi suivant, les facilitateurs étaient sur le terrain, et le travail commençait. Huit mois plus tard, le pari était gagné ! 622 communautés (au lieu de 225, soit 15 fois 15) avaient progressé et pouvaient le démontrer. À la suite des conversations au sein des communautés lors des auto-évaluations, plus de

943 personnes ont dévoilé à leurs proches leur séropositivité, car elles se sentaient en sécurité pour le faire. 104 055 personnes ont cherché à se faire dépister. Les communautés ont entrepris 1 383 « petites actions faisables » pour progresser face au sida. Voilà quelques chiffres. Mais peut-on aller au-delà de ces chiffres et comprendre ce qui s'est passé ?

Tout commence par la réflexion sur la vie. En effet, pour s'attaquer au sida, une communauté et les familles qui la composent ne peuvent que discuter et réfléchir à leur manière de vivre. Comment amener les hommes à accompagner leur femme à la visite prénatale pour le dépistage du VIH ? Faut-il ou non promouvoir le dépistage prénuptial du VIH et, si oui, que faire des résultats ? Comment éviter que les jeunes filles et les jeunes gens ne se prostituent alors que toute la société les incite à acquérir plus de biens ? Comment aider les couples qui découvrent que l'un d'eux a le VIH, l'autre pas ? Quand nos jeunes doivent-ils être éduqués à la sexualité et qui prend la responsabilité de cette éducation ? Comment aider le conjoint qui, pour des raisons professionnelles, s'éloigne du foyer pendant de longs mois ? Ces questions sont incontournables et il est impossible d'y réfléchir sans évoquer à cette occasion les valeurs fondamentales, les relations et les rôles au sein de la communauté. Ainsi, les actions des communautés ne se limitent pas à l'augmentation de l'utilisation de services, tels que test du VIH et antirétroviraux pour les malades. Elles mobilisent les forces des communautés pour progresser sur l'ensemble des fronts, y compris ceux qui ne requièrent l'utilisation d'aucun « objet », test, préservatif, médicament, etc.

Retournons en Papouasie-Nouvelle-Guinée pour voir de plus près la transformation d'une communauté qui s'est posé ces questions incontournables et est passée à l'action. Ce jour d'octobre 2008, la communauté de Wallis Station fait le point sur les progrès qu'elle a réalisés en quelques mois depuis qu'elle a adopté l'approche SALT. Eli, leader des jeunes de la communauté, explique qu'ils se focalisent désormais sur les forces de la communauté. Il est fier de sa communauté et en particulier des jeunes qui atteignent désormais leurs objectifs : réduire leur consommation d'alcool et de drogue. Ils ont organisé des soirées café où ils boivent... du café et parlent de leur situation concernant le VIH, l'alcool et la drogue. Ils ont organisé la projection d'une vidéo sur le VIH qu'ils ont empruntée auprès de la Croix-Rouge, et ils ont mobilisé eux-mêmes l'argent pour le café et l'essence du générateur. Quelqu'un a prêté sa télé. Ils ont nettoyé leur quartier et communiqué leur enthousiasme à des communautés voisines : ils les ont invitées à une soirée café. La consommation de drogue a diminué de 70 %.

Une mère résume ainsi les progrès de Wallis Station : « Maintenant, nous pouvons dormir la nuit. » « Mais que s'est-il passé ? » demande Laurence, facilitatrice de la Constellation. « Avant, nous étions réveillés par les jeunes qui, drogués, braillaient et se battaient ! Quand ce n'étaient pas les coups de feu ou les cris des filles qui se faisaient violer... Depuis que nous avons pris les choses en main pour lutter contre le sida, nous dormons, vous comprenez ? » Lorsqu'une communauté agit pour faire face à l'épreuve du sida, elle en ressort plus forte.

On a même parfois l'impression que plus rien ne peut arrêter la communauté. Rendons visite à Ban Pang Lao, située sur la route qui mène de Chiang Rai en Thaïlande du Nord au fameux Triangle d'Or. Khun Sumalee, grande femme aux cheveux grisonnants (elle ne les teint pas, contrairement à la majorité des femmes de son âge) est institutrice à l'école du village de Ban Pang Lao, tout comme son mari d'ailleurs. Elle vous accueillera dans une petite salle baignée de lumière non loin de sa maison. Par les fenêtres, vous apercevrez bananiers, manguiers et toute la verdure de son jardin. Si vous venez pendant la saison des pluies, vous ne manquerez pas de vous émerveiller sur le vert tendre des rizières qui s'étendent jusqu'à l'horizon. Vous ne vous éterniserez pas sur le paysage, car Khun Sumalee vous fascinera par sa présentation détaillée de toutes les phases de la réponse de sa communauté face au sida. Pourtant, aujourd'hui, sa passion est ailleurs. « Depuis que nous avons traversé cette épreuve, nous sommes prêts à relever tous les défis. Tenez, voici comment les jeunes ont bouté dehors des dealers qui cherchaient à s'incruster ici... » Elle vous parlera du fonds de solidarité créé pour venir en aide aux familles affectées par le sida, et qui sert aujourd'hui à toutes sortes de projets développés par et pour la communauté. Ce n'est pas qu'elle tourne le dos au VIH. Par exemple, Ban Pang Lao a mis en place un programme pour les hommes qui partent travailler dans le Golfe. Tous sont revenus en bonne santé et elle en est fière.

Il suffit de se rendre au cœur des Ardennes belges pour rencontrer des personnes qui vivent une expérience similaire. Ce jour d'octobre 2008, une équipe de facilitateurs de BelCompétence, notre branche belge, se rend au centre de Manhay pour une visite de suivi. Cet ancien centre de vacances mutualiste accueille maintenant des demandeurs d'asile en Belgique. Ce n'est pas la première fois que l'équipe est à Manhay. Depuis sa première visite, il y a six mois, les demandeurs d'asile se sont constitués en un club, qu'ils appellent ManhayCompétence. Leur but ? Être compétents face au sida et partager cette compétence avec les nouveaux arrivants. Aude, facilitatrice de BelCompétence, raconte : « Plusieurs moments et plusieurs paroles restent dans ma tête et font écho. Je me souviens qu'un des participants est intervenu et a "jeté" au centre du cercle son préservatif. Il s'est exclamé : "Moi, je suis conscient que le sida existe et je fais toujours attention à moi, c'est trop important. D'ailleurs, je pense que nous n'avons pas d'excuse à Manhay : savez-vous que nous pouvons avoir gratuitement des préservatifs ? Qui d'autre peut dire aujourd'hui qu'il se protège et prend soin de lui-même ?" Et voilà que deux autres participants sortent leur préservatif et le brandissent aux yeux de tous. Ceux qui plus tôt avaient beaucoup causé n'ont pas bougé... Quel moment ! »

Un des participants s'étant évalué au niveau 5, c'est-à-dire compétent face au sida[1], les autres membres du groupe le criblent de questions. L'un d'entre eux lui demande : « Depuis que tu es ici, es-tu allé te faire dépister, car tu dis que tu as toujours un préservatif sur toi, mais le dépistage ? » Voici sa réponse : « Oui ! Je suis à Manhay depuis dix mois et je peux te dire que j'ai déjà fait trois dépistages ! Et j'en ferai encore... Si tu veux je peux même te montrer mes attestations et les résultats... ! »

Un autre participant exprime le sentiment de bon nombre des personnes présentes. « Pour avancer, il me faut être bien avec moi-même et savoir que je vaux quelque chose. Sans cela, je n'ai plus de valeur en tant qu'homme. Étant loin de mon pays et en attente de réponses pour mes papiers, je sers à quoi ? Je n'ai pas de famille, pas de travail, pas de quoi me permettre de me faire gagner de l'argent, pas de... J'ai le sentiment de ne plus avoir de valeur... »

Aude, en se remémorant cette visite, résume bien l'atmosphère : « Que de partages ! Avec quelle facilité certains racontaient leurs histoires et transmettaient des moments de leurs vies ! Ainsi ils donnaient aux membres du groupe la confiance nécessaire pour exprimer leurs peurs, leurs questionnements ou au contraire pour apporter leur contribution grâce à leur propre vécu ! »

L'histoire ne s'arrête pas là. En janvier 2009, le Centre de Manhay a reçu mandat de créer à Beho un nouveau centre

1. *Cf.* p. 101, pour les niveaux d'évaluation.

d'accueil des demandeurs d'asile. C'est un petit centre, situé tout près de la frontière luxembourgeoise, et pas très loin non plus de la frontière allemande. Le paysage y est rude. Quel contraste pour les nouveaux résidents du centre, qui pour la plupart viennent de pays chauds. Certains résidents de Manhay ont déménagé à Beho. Ils y ont transféré l'approche, mais leur préoccupation immédiate n'était pas le sida. Yvette faisait partie de ce groupe. Avant de se réfugier en Belgique, elle était comptable finances et matériel pour une entreprise de construction chinoise à Bujumbura. Écoutons Yvette :

« Après avoir participé à la foire d'échanges organisée par BelCompétence en avril 2009, nous avons compris que nous sommes capables de changer notre vie par nous-mêmes, de réunir nos forces et de compter sur notre expérience pour faire face aux enjeux de la vie. Ensuite, lors de notre conversation avec des visiteurs de BelCompétence à Beho, nous avons relevé le problème de l'intégration dans l'entourage qui nous insulte et nous juge comme des vauriens et parfois des criminels.

Ainsi les résidents ont bâti leur rêve, celui de Beho intégré, et ont choisi de l'accomplir pendant la journée du repas du monde. Ce jour-là, étaient prévu : l'accueil des invités, les échanges entre ces derniers et les résidents autour d'un verre, un souper préparé par les communautés congolaises, guinéennes et afghanes, de la musique à la fin. Les résidents du centre ont eu l'occasion de s'exprimer, de montrer leur capacité pour contribuer à la vie sociale étant donné que, parmi eux, on trouve des personnes qualifiées comme des médecins, chanteurs, électriciens, mécaniciens, etc.

Lors de l'auto-évaluation qui a suivi la journée, les résidents ont constaté que les relations entre les demandeurs d'asile et les voisins étaient améliorées : les dons d'habits, de mobiliers accordés aux résidents, la mobilisation de voitures pour faire différentes courses, les invitations aux différents cultes, la participation des résidents à la propreté de la ville, les activités de vacances d'été et même le tressage des cheveux pour les enfants par les résidentes africaines sont autant d'indicateurs de progrès.

À l'intérieur du centre même, pendant la période de préparation, les résidents sont devenus plus unis et ont renforcé les relations entre eux. Il n'y a plus de conflits ni de bagarres qui se terminaient souvent par des détériorations de matériels. Jusque-là, la Croix-Rouge de Belgique ne faisait que transférer les responsables de conflits vers les autres centres d'accueil sans résoudre la cause des conflits. Maintenant, c'est Beho qui accueille les fauteurs de trouble ! »

Depuis, Yvette a reçu ses papiers. Établie à Bruxelles, elle est un membre actif de BelCompétence.

Pour accompagner toute cette transition, il y a Louis-Marie. Venu lui aussi du Burundi, il a connu la situation de demandeur d'asile. Aujourd'hui, il est assistant social à la Croix-Rouge de Belgique et a participé à l'ouverture de Beho :

« Les résidents se sont mis à demander à suivre des formations de tout genre. On est débordé ! Avant, seul un petit groupe de résidents était intéressé. Mais, dorénavant les résidents disent “il faut que j'aille rentabiliser mon temps et mes compétences, faire quelque chose et pas seulement recevoir !” Ma vision de la personne “demandeur d'asile” a également changé. Je la considère pour ce qu'elle est : un être humain, avec des forces. Le seul fait d'être arrivé en Belgique est déjà une réussite ! »

La Croix-Rouge de Belgique ne pouvant donner suite à toutes les demandes, Louis-Marie a suggéré aux résidents d'organiser une bourse des compétences. Alphabétisation, cuisine, couture, utilisation de l'internet : les résidents se forment entre eux ! Certains d'entre eux, conquis par l'approche, se sont organisés pour devenir facilitateurs au sein de BelCompétence.

Ne pensons pas cependant que le développement de la compétence face au sida représente un passage obligé vers la compétence pour la vie. Un beau matin, une délégation d'un district de Bagamoyo, en Tanzanie, se présente chez Clément Cha Cha à l'université de Muhimbili à Dar Es Salam. Clément a facilité dans ce district le développement de la compétence face au paludisme. La délégation, ayant apprécié la démarche, avait une requête à présenter : « Nous avons un sérieux problème de sida dans notre communauté. Nous autorisez-vous à adapter cette démarche pour l'appliquer au sida ? »

Au Togo aussi, c'est la malaria qui a servi de point d'entrée. En 2004, ce pays dont le service de santé sert d'exemple pour les pays voisins avait profité des journées nationales de vaccination pour distribuer à chaque famille des moustiquaires imprégnées d'insecticide. Les autorités sanitaires avaient organisé une campagne à la logistique impeccable, qu'ils avaient associée à des actions d'information, d'éducation et de communication du meilleur cru. Les résultats, pourtant, furent décevants. Seulement 37 % des familles se mirent à utiliser les moustiquaires qu'elles avaient reçues ! Blaise Sedoh est conscient du problème, car il est chargé de la santé à la Société togolaise de la Croix-Rouge. Cet homme discret et plein d'humour, dont les yeux pétillent derrière de grandes lunettes qui lui mangent le visage, y voit une opportunité. Appliquons l'approche de la compétence face à la malaria ! Blaise avait pratiqué l'auto-évaluation dans le contexte du sida et avait participé à Mombasa à l'unique séminaire qui avait adapté l'approche à la malaria. Il convainc la Croix-Rouge espagnole de tenter le coup. Un an plus tard, dans les provinces où les communautés se sont mises à gérer l'ensemble de la réponse à la malaria, l'utilisation des moustiquaires imprégnées est passée de 37 % à plus de 80 %. Ce sont souvent les femmes qui suivent l'exécution du programme de la communauté. La Croix-Rouge du Togo leur a donné un document de reconnaissance, et c'est la première fois que certaines femmes du nord du Togo reçoivent un document qui porte leur identité. Les hommes le reconnaissent : « Nous, nous nous occupons des problèmes de manière trop générale. Nos femmes, elles, entrent dans le détail. Depuis qu'elles s'occupent du palu dans notre communauté, nous n'avons plus eu de décès d'enfants pendant la saison des pluies. » Blaise nous a rapporté une boutade d'une des femmes responsables du programme : « Quand des enquêteurs nous demandent qui dort sous la moustiquaire, comment savent-ils si nous disons la vérité ? Nous, par contre, nous savons ! J'imagine son air malicieux... La Croix-Rouge du Togo, aidée en cela par la Croix-Rouge suisse et l'Université de Bâle, a confirmé les dires des communautés. Elle a documenté une réduction significative de la mortalité des enfants dans les communautés de la Région centrale du Togo qui pratiquent le programme "compétence face à la malaria". » Blaise peut s'endormir en se disant que de nombreux enfants togolais lui doivent la vie. Il est sans doute tout aussi fier du fait que de nombreuses communautés sont maintenant armées pour faire face à d'autres défis de la vie. « D'ailleurs, me confia-t-il récemment, au Togo nous ne parlons plus de compétence face à la malaria, mais de communautés compétentes. »

En changeant de regard sur une communauté, le facilitateur libère l'énergie qui permettra à cette communauté de réaliser sa propre vision du progrès. Mais cette énergie ainsi libérée ne reste pas confinée à cette communauté : elle circule ! C'est ce que nous allons explorer au chapitre suivant.

XIII

L'inspiration circule

Lorsque nous avons fondé la Constellation, notre vision était celle d'un monde où la compétence face au sida se propagerait plus vite que le virus. Nous ne croyions pas si bien dire. Mues par une expérience qui leur a ouvert les yeux sur leur propre potentiel et celui des communautés, des personnes se lèvent et partagent leur expérience avec d'autres. Ces dernières, à leur tour, prennent confiance en elles et partagent leur expérience. Le phénomène est « viral » ! L'appréciation de ses propres forces et de celles des autres déclenche une véritable épidémie. Simplement, il s'agit d'une épidémie positive.

Gabriel Ringlet, ancien vice-recteur de l'Université catholique de Louvain, définit la spiritualité comme la circulation de l'énergie. Il compare la personne qui vit sa spiritualité à l'âme du canon, elle aussi appelée à transférer une quantité impressionnante d'énergie ! À mon corps défendant, je suis obligé de reconnaître une dimension spirituelle à l'action de la Constellation. Je ne l'avais pas prévue, et encore moins planifiée. Il ne s'agit pas du tout d'un quelconque saut dans l'irrationnel, ou d'un pari sur l'existence d'un être suprême. Simplement, force est de constater qu'en appréciant les forces des communautés, le facilitateur sert de conduite d'énergie pour la transformation !

Merauke, dans la Province de Papua, qui couvre la partie occidentale de l'île partagée entre l'Indonésie à l'ouest et la

Papouasie-Nouvelle-Guinée à l'est, est bien un coin au bout du monde ! Le voyage en avion depuis Jakarta vous prendra toute une nuit. Après un arrêt au petit matin à Jayapura, la capitale située au nord de l'île au bas des montagnes découpées par la mer, vous volerez une autre heure plein sud pour atterrir dans une vaste plaine, bordée par l'océan Pacifique. Dans cette plaine, les habitants mélanésiens ont été rejoints par des Papous descendus des hautes montagnes, et par des habitants de la lointaine Java, qui s'y sont installés suite aux programmes de transmigration pour soulager la surpopulation de leur île d'origine.

Notre équipe est venue de Jakarta, d'Australie et de Belgique pour rencontrer l'équipe de facilitation du district de Merauke. Merauke est un point chaud pour le sida en Indonésie. Amené apparemment par des pêcheurs thaïlandais, le VIH y a trouvé un terrain favorable. Cela fait des années que les visites d'experts se suivent à Merauke et leurs rapports laissent deviner une certaine lassitude. La Constellation, quant à elle, rend visite pour la troisième fois à l'équipe de facilitation locale, et nous faisons le point avec elle en ce mois d'octobre 2008. Une chose est certaine, nous sortons transformés de cette visite.

Ian dirige un orchestre rock. Ce beau jeune homme nous raconte comment il a arrêté de boire, car avec la musique viennent l'alcool, les drogues et les filles. Son groupe a décidé de se recentrer sur la musique.

Ibu Winona nous raconte comment sa vie sexuelle s'est améliorée après avoir écouté une prostituée avec qui elle s'est liée d'amitié au cours des visites successives qu'elle a rendues à sa communauté. Et comment elle a partagé son expérience avec les femmes du quartier [1].

---

1. *Cf.* p. 64.

Ibu Henny représente le maire dans l'équipe. Juriste de formation, elle a maintes fois été confrontée aux cas de violence domestique. Et, chaque fois, elle avait l'habitude de penser : « Pourquoi ces femmes se laissent-elles battre par leur mari ? Pourquoi ces femmes sont-elles si faibles ? » Maintenant qu'elle apprécie leurs forces et les écoute sans les juger, elle se dit : « Comment pourraient-elles changer si nous ne changeons pas le regard que nous posons sur elles ? »

Dany est un de ces Papous venus des hautes montagnes. Il en a la corpulence massive et les traits forts. Quand nos regards se croisent, je pressens une personne douce et paisible. Ce pasteur a l'habitude de prendre la parole et, quand il la prend, on l'écoute. Dany nous raconte comment, après avoir rendu visite aux communautés de Merauke, il a pensé à sa propre communauté. Il s'y est rendu à pied, loin de là, au-delà de la frontière. « Beaucoup de choses se passent dans notre communauté qui nous rendent vulnérables. Depuis que je fais partie de notre équipe, je sentais que je devais avertir mon peuple. » Qu'est-ce qui l'a poussé à faire ce voyage ?

Les changements ne se limitent pas aux membres de l'équipe de facilitation locale. Les visiteurs eux aussi ont changé.

Harry est un leader de la communauté homosexuelle d'Indonésie. Un facilitateur hors pair, plein d'intelligence et d'humour. « J'ai appris beaucoup des gens de Merauke. Ils m'ont montré l'amour de vivre et la preuve que les gens peuvent riposter au sida par leurs propres forces. Chacune de leurs histoires personnelles m'a touché profondément. Je retournerai à Jakarta avec le sourire et une question à l'esprit : pourquoi toujours discuter des problèmes et de certains aspects négatifs, si les forces et les choses positives peuvent être à la source du changement ? » C'est ce qu'il fait maintenant dans son organisation, PKKBI (Praktik Kewarganegaraan Kami Bangsa Indonesia, Pratique de la citoyenneté au sein de la nation indonésienne), une ONG nationale très importante dans le domaine de la santé de la reproduction.

Rysia rend visite à Merauke pour la troisième fois. Voici sa réflexion : « Nous connaissions Ibu Yosefa comme une femme timide, qui ne prenait la parole que lorsque quelqu'un lui demandait d'animer un moment de prière. Je ne pouvais pas en croire mes yeux quand j'ai vu Ibu Yosefa pleine de confiance en elle, le regard coquin, faire une démonstration de l'utilisation du préservatif féminin face à trente personnes. Sa démonstration en a inspiré d'autres, moi y compris : l'amour, la compréhension et le souci pour autrui peuvent changer non seulement les individus, mais aussi leur entourage. » Vous vous souvenez-vous de Rysia ? Nous avons déjà fait sa connaissance[2]. C'est elle qui a facilité la formulation du rêve par une communauté de Sulawesi, qui a mené à l'éviction de son maire corrompu. D'où venait son inspiration ? Sans nul doute de Merauke.

Matt Campbell nous a rejoints pour la première fois à Merauke. Cet Australien est peut-être le petit jeune de l'équipe, mais c'est lui qui a la plus grande expérience des visites communautaires. Il ne peut dire avec exactitude combien il a fait de visites comme celles-ci, mais elles se comptent par centaines ! « À Merauke, je me suis rappelé mon parcours personnel vers la compétence pour la vie. L'appréciation m'a transformé. J'ai changé, et j'ai trouvé un nouvel espoir dans ma vie parce que certaines personnes ont choisi de se concentrer sur ce que je pouvais faire, et non sur ce que je ne pouvais pas. En me concentrant sur ce qui était possible, j'ai pu faire face à ce qui me semblait impossible. »

Pas de doute, notre expérience des forces d'autrui nous transforme. Et cette force, nous la transmettons à notre tour :

---

2. *Cf.* p. 94.

« Comment savons-nous que l'appréciation des forces fonctionne ? Eh bien, moi, je le sais. Cela ne fait aucun doute pour moi. Voici comment je le sais. J'ai raconté cette histoire à deux reprises au sein de la Constellation et, à chaque fois, je me suis senti un peu gêné, inconfortable. Mais ce qui s'est passé a été pour moi si puissant et a tellement changé ma manière de fonctionner que je me suis dit que j'allais le partager. »

Phil Forth fait partie de l'équipe de soutien de la Constellation. Comme Geoff, il a travaillé à BP, qu'il a quittée pour devenir consultant indépendant en « gestion du savoir ». Conscient de ce que l'approche positive de la Constellation lui apporta dans sa pratique privée, il a offert la moitié de son temps pour faire la synthèse de ce que nous apprenons sur le terrain pour adapter constamment notre approche des communautés.

Phil s'adresse à un groupe de visiteurs qui s'apprêtent à rencontrer des communautés de Thaïlande du Nord. Le groupe fait part d'une inquiétude que nous avons déjà rencontrée : « Comment cela, nous n'allons rien donner de tangible aux gens à qui nous allons rendre visite ? »

« Ma femme était membre du conseil de notre école secondaire locale à York, en Grande-Bretagne. C'est une assez grande école avec environ 1 400 élèves. Eh bien, comme cela arrive parfois, la discorde régnait entre les membres du conseil les plus "anciens" qui pensaient mieux s'y connaître et être mieux à même de gérer l'école, et un nouveau chef d'établissement. Cela a conduit à une guerre scolaire, et ma femme s'est lancée dans la bataille contre les anciens membres et en faveur du nouveau directeur. Au début, elle était seule à prendre cette position, et elle a dû livrer une longue et rude bataille pour changer les choses. Les soirées tendues se multipliaient et, à un moment, elle a même craint des violences physiques. Elle avait peur de ce qui pourrait arriver. Tout cela a impliqué de nombreuses soirées tardives, non seulement avant mais aussi après les confrontations. Je pense avoir fait de mon mieux, l'avoir soutenue et encouragée. Mais finalement, à la fin d'une très longue soirée, je lui ai dit que ce qu'elle faisait était une BONNE chose, que cela faisait d'elle une bonne personne, qu'elle devait être fière de ce qu'elle faisait, et que l'éducation de nombreux enfants serait améliorée grâce à ce qu'elle faisait. Je ne sais pas si je m'en rendais compte à l'époque, mais j'étais passé du soutien à l'appréciation. Alors, quelle fut sa réaction à l'appréciation ? Cela l'a agacée. Elle m'a dit que c'était absurde. Elle ne faisait que faire ce qu'elle devait faire, et cela se résumait à cela. J'en suis donc resté là. Et j'ai pensé que peut-être y avait-il un temps pour apprécier et un temps pour se taire.

Le temps a passé. Et puis, tout à coup, ma femme est décédée. Un vendredi midi, elle travaillait dans une (autre) école, et le lundi midi, elle était morte. Ma femme organisait à l'école l'aide aux enfants ayant des "besoins éducatifs spéciaux". Cela pouvait aller d'une assistance à un enfant qui vivrait sa courte vie dans un fauteuil roulant, à une aide supplémentaire à un jeune de seize ans qui avait des difficultés à lire et à écrire. Elle a donc travaillé avec les nombreuses personnes qui apportaient cette aide. Et, après sa mort, il y eut un déluge de lettres. Maintes et maintes fois, les lettres de ses collègues racontaient les encouragements de ma femme qui leur avait dit que le travail qu'ils accomplissaient était une BONNE chose, qu'ils devaient être fiers de ce qu'ils faisaient, que leur travail allait changer la vie d'un être humain. Ces paroles les avaient inspirés dans leurs actions et ils avaient à leur tour transmis ce message à un collègue !

On parle de transfert, mais jusqu'où est allé ce message ? Je n'en ai pas la moindre idée. Je soupçonne que cet acte d'appréciation influence encore les gens dans cette partie du monde plusieurs années après. Et cela me donne une satisfaction tranquille. »

L'histoire de Phil résume deux éléments clés de la transformation du facilitateur. Le facilitateur est d'abord mu par une énergie mystérieuse, celle des communautés dont il apprécie les forces. Cette énergie, il la transfère ensuite dans son contexte. Ainsi, en appréciant le travail de son épouse, Phil a posé un acte inhabituel dans sa culture (mais dans quelle culture exprime-t-on facilement à son conjoint les forces qu'on lui voit ?).

Phil a raison de penser que son histoire influence encore les gens, et pas seulement, comme il le dit, dans sa partie du monde. Voici ce qu'Abednego Mutungwa, un coach Kenyan, raconte : « Comment énoncer de manière spécifique les forces présentes dans notre famille ? Comment faire pour que ceux qui nous sont chers découvrent leurs propres forces ? Inspiré par l'histoire de Phil, j'ai décidé d'essayer avec mon épouse, au dîner, en présence de mes deux fils :

– Ma chère, tu as le don de créer de très belles choses !

– Pourquoi dis-tu cela ?

– Regarde donc notre jardin, quelle merveilleuse combinaison de fleurs tu y as créée ! Et tu confectionnes aussi de belles perles au travail à Dorcus Beads [micro-entreprise de perles en papier recyclé].

Ma femme me dit alors que je ne suis pas le premier à le lui dire, mais cela lui fait plaisir que son mari apprécie son travail. J'ai donc décidé que dorénavant, lorsque nous discuterons de projets communs en famille, la meilleure façon sera de construire sur nos atouts respectifs. Plutôt que de chercher à nous juger mutuellement, nous rechercherons nos forces. »

La première fois que j'ai réalisé que quelque chose se passait chez le facilitateur, c'était en mai 2006 à Lemba, une commune de Kinshasa. Le noyau de facilitateurs congolais qui formera plus tard RDCCompétence s'était réuni pour faire le point, trois mois après leur formation initiale. J'avais demandé aux facilitateurs ce qui avait changé dans leur utilisation des outils qui avaient été offerts lors de la formation. En fait, aucun n'a répondu à cette question. Tous sans exception ont décrit des changements dans leur propre comportement. Par exemple, Antoine a décrit en détail le changement intervenu dans sa famille.

« Le 1er décembre, l'année dernière, je suis rentré de l'ONU-SIDA où je faisais une consultation, avec deux grandes affiches de campagne de lutte contre le sida. Vous vous en souvenez peut-être, l'on y voyait des portraits de femmes. En dessous du portrait, la mention : "Quand vas-tu m'écouter ?" J'ai montré les affiches à ma famille au repas du soir. Lorsque je suis allé me coucher, une surprise m'attendait. Quelqu'un avait collé une des affiches sur la porte de notre chambre ! Je me retourne, je vois l'autre affiche sur la porte de la chambre de nos filles. "Mais que se passe-t-il ?" demandai-je interloqué ! "Papa, tu le sais bien, tu n'as jamais le temps pour nous. D'ailleurs rien de ce que nous faisons n'est assez bien pour toi !" Je regarde mon épouse qui dit : "C'est la campagne, non ?" Je n'ai pas trop bien dormi cette nuit-là, puis j'ai oublié l'incident. Quelques semaines plus tard, je rentrais de Kimbanseke, un quartier très pauvre de la ville. J'avais une fois de plus pu admirer les forces de la communauté qui m'avait invité. Dans le véhicule qui me ramenait à la maison, je me suis dit : "Et si j'essayais à la maison ?" Je me mets à complimenter mon épouse pour le repas qu'elle prépare, à encourager mes filles en les félicitant pour leurs résultats scolaires... Un beau jour, les affiches disparaissent. Je demande à mon épouse et aux filles réunies. "Pourquoi avez-vous enlevé les affiches ?" Mon épouse de répondre : "Tu le sais bien, tu as changé !" Mais les filles protestent : "Non maman, tu n'aurais pas dû enlever les affiches, car toi, tu n'as pas changé !" »

En ce 27 octobre 2010 à Koppal dans le Karnataka, en Inde, les participants à une « visite SALT internationale » et les membres des communautés auxquelles ils ont rendu visite se retrouvent pour une journée de réflexion et de partage. Je suis censé faciliter cette journée, et je suis un peu anxieux. Quel format pourrais-je proposer pour qu'elle soit la plus profitable possible pour tous les participants ? Au cours des trois derniers jours, les quatre équipes ont chacune visité six communautés et tout le monde a beaucoup appris. Comment environ soixante personnes partageront-elles autant, en tant de langues et en si peu de temps ?

Il y a un changement de dernière minute et nous sommes réunis dans le jardin de l'hôtel sous de beaux arbres. Nous commençons par un passage en revue par les quatre équipes de tout ce qu'elles ont appris au cours des trois derniers jours. Les conversations animées auxquelles nous participons tous ne sont interrompues que lorsque le grondement d'un train en passage couvre notre voix. Soudain, un camion attire mon attention ; il entre dans le jardin de l'hôtel, chargé de hauts bambous et de matériel de tente. Peu de temps après, on nous demande gentiment de nous déplacer et les bambous sont soulevés pour soutenir une grande salle en tissu jaune. « Oh mon Dieu, me dis-je alors, l'hôtel organise un mariage ou une fête traditionnelle indienne dont je ne suis pas au courant ! Où allons-nous nous réunir maintenant ? » Mon anxiété est à son comble, mais elle est rapidement soulagée par un ami de Samraksha, l'organisation hôte de la visite. Cette belle salle nous est destinée, pour notre festival du savoir ! Les soixante personnes se rassemblent sous la tente : visiteurs, amis de Samraksha, membres des communautés que nous avons visitées, ainsi que des gens venus uniquement parce que ce que nous faisons les intéresse. Je me suis dit : « Peut-être aurais-je dû suivre le conseil que j'ai écrit sur un écriteau dans mon bureau : "Es-tu sûr ?" »

Le moment est venu de partager et d'écouter. Joao s'est levé et nous a raconté comment il a écouté un homme qui, malgré sa sollicitude pour son frère, l'avait perdu à cause du sida. « L'histoire faisait d'une certaine manière écho en moi, dit Joao, et je lui ai parlé de ma sœur vivant avec le sida. “Oui, a répondu l'homme, mais votre sœur est encore en vie, et vous pouvez toujours prendre soin d'elle. Quant à moi, mon frère est parti et il n'y a plus rien que je puisse faire pour lui !” Sa réflexion m'a frappé, a déclaré Joao. Cela fait plus de dix ans que je travaille contre le sida dans mon pays, mais qu'ai-je fait pour ma sœur ? Juste avant mon départ pour ce voyage, elle m'a demandé d'acheter un sèche-cheveux pour le salon de beauté qu'elle veut ouvrir. Et qu'ai-je fait ? J'ai dépensé tout mon argent à faire des achats pour moi-même ! Alors j'ai appelé ma sœur, et je lui ai demandé pardon. Elle m'a dit qu'elle a toujours su que je viendrais à elle, parce que, a-t-elle dit, tu es un homme bon ! Je lui ai dit d'acheter le sèche-cheveux, que je la rembourserais à mon retour. » Joao termine son histoire et retourne en larmes à son siège. Le silence est profond. Les gens réfléchissent, certains pleurent. Je ne peux pas lire dans les pensées, mais je sais que beaucoup d'entre nous pensaient à leur propre famille, l'histoire de Joao ayant à son tour trouvé un écho avec la nôtre.

Après avoir donné à tous (y compris à moi) le temps de récupérer, j'ai dit : « Joao, ton histoire résume tout : tu as écouté profondément, l'histoire t'a transformé et tu as transféré l'expérience dans ton propre contexte. » À la fin de la réunion, nous étions heureux de sentir à quel point nous nous étions rapprochés.

Deux jours plus tard, Sanghamitra, la responsable de Samraksha me dit que l'histoire de Joao l'a poussée à appeler sa mère. « C'est Diwali la semaine prochaine, notre plus grande fête en Inde. D'habitude, à cette occasion, je ne prends pas l'avion pour rejoindre ma mère et notre famille à Delhi. Je pense toujours que je suis trop occupée ! Mais je lui ai dit que, cette fois, je viendrai. Ma mère a été surprise et m'a demandé : "Pourquoi viens-tu ? Je vais bien, il n'est pas nécessaire pour toi de venir !" Je lui ai répondu : "Ne serait-ce pas merveilleux de nous revoir alors que nous allons toutes les deux bien ?" »

Le week-end suivant, j'ai voyagé avec Sanghamitra à travers la belle Karnataka du Nord et j'y ai rencontré des communautés et le personnel de Samraksha. Ceux qui avaient participé à notre journée de réflexion et de partage ont raconté comment l'histoire de Joao et celles d'autres participants avait résonné avec la leur. Comment ils allaient essayer de pratiquer l'appréciation des forces d'autrui dans leur propre contexte. Comme dans une réaction en chaîne, d'autres à leur tour ont déclaré : « Je vais essayer à la maison, je vais essayer dans ma communauté. »

C'est seulement ainsi que nous pouvons comprendre les chiffres invraisemblables en RDC où, en huit mois, 622 communautés au lieu des 225 prévues ont pu démontrer leur progrès face au VIH. Par exemple, à Mbuji Mayi, capitale du Kasai Oriental, l'équipe mixte de soutien PNMLS/RDC-Compétence de la Province composée de trois personnes forme 44 facilitateurs provenant de 20 communautés, afin qu'ils accompagnent ces communautés dans le développement de leur compétence. Mais ils ne se limitent pas à cela. Eux aussi sont poussés par la volonté de partager l'approche avec d'autres communautés que la leur, et six mois plus tard ces dernières étaient également en train de partager l'approche avec une troisième vague de communautés. Ainsi, au lieu des 20 communautés prévues initialement, 120 communautés étaient touchées par l'approche six mois plus tard ! C'est ainsi que l'objectif initial a été largement dépassé. Ce phénomène n'est pas nouveau. En fait, Claire Campbell, la fille d'Ian et la sœur de Matt a documenté le transfert de communauté à communauté dans de nombreuses sociétés, en Zambie, en Inde et au Bangladesh. Ainsi, l'on peut stimuler des changements sociaux importants en accompagnant 25 % des communautés d'une entité déterminée. Les autres communautés, les membres des communautés accompagnées s'en chargent.

Nous sommes loin d'avoir terminé l'exploration de la dimension spirituelle de la Constellation. Fin 2010, Laurence et moi invitons Deng et Lawan à déjeuner. Deng est un des leaders thaïlandais des personnes vivant avec le sida. J'ai rencontré Deng à Doi Saket, près de Chiang Mai en 1995, et il m'avait fait une forte impression. Il avait ouvert un petit centre à côté de l'hôpital où, en compagnie de son épouse aujourd'hui décédée, il offrait conseils et appui psychologique aux personnes qui venaient d'apprendre leur statut sérologique positif. Les patients n'avaient pas accès aux traitements antirétroviraux à l'époque, l'avenir était sombre, mais Deng était capable d'expliquer son rêve d'une société harmonieuse. Nous nous sommes revus régulièrement depuis et, ce jour-là, nous explorions avec Deng les raisons qui l'avaient amené à être chrétien dans cette région à forte culture bouddhiste, alors que justement Laurence et moi étions attirés par la pratique bouddhiste ! En quelques mots, nos chemins se croisaient pour des raisons similaires : nous cherchions la pratique, délivrée du poids de l'institution. Deng aime partager, et Lawan interprète. Voilà que Deng spontanément emploie le mot SALT et son regard s'anime. Nous attendons, tendus par la curiosité, la traduction de Lawan, qui avec un grand sourire nous dit : « Pour Deng, SALT représente sa manière de pratiquer sa religion. » Deng était aussi secrétaire du réseau interconfessionnel thaïlandais contre le sida (INHAT) qui a adopté SALT comme manière de travailler. Il développe : « En fait, que nous soyons chrétiens, bouddhistes ou musulmans, nous avons la même expérience. Nous nous sommes rendu compte que nous trouvions chacun dans notre enseignement les références en appui de SALT. » Un chapitre de leur manuel détaille ces références. Depuis, les différents réseaux ont réorganisé les visites à domicile des familles affectées par le sida. Plutôt que de suivre chacun les membres de leur communauté religieuse, ils se sont partagé les familles sur une base géographique. Après tout, se sont-ils dit, notre approche est la même !

Le regard positif transforme les personnes en conduites d'énergie positive qui se propage dans le monde tel « un virus positif », un processus que chrétiens, musulmans et bouddhistes reconnaissent comme « leur ». Comment la Constellation est-elle organisée pour soutenir, et non contraindre cette circulation libre de l'inspiration ? Et, au-delà de la Constellation, l'énergie positive serait-elle assez puissante pour transformer les organisations ?

XIV

Araignée ou étoile de mer ?

« La Constellation influence la vie de combien de personnes ? » Mon père m'a posé cette question il n'y a pas longtemps. Je n'avais pas de réponse. Je bredouille quelques chiffres, mais sa question me tient éveillé la nuit suivante. Je fais le compte des milliers de facilitateurs formés de par le monde. Et puis, il y a toutes ces personnes qui ont entendu parler de la Constellation, se sont connectées à notre site pour télécharger nos outils, et se sont mises à l'œuvre ! Je réalise cette nuit-là que la Constellation s'était étendue pour comprendre plus d'un million de personnes qui agissent localement en réponse au sida, au paludisme, au diabète, pour la paix dans les quartiers, pour l'avenir de la planète... Combien, exactement, nous n'en savons rien, et sans doute ne le saurons-nous jamais. Est-ce d'ailleurs si important ?

Comment la Constellation est-elle organisée pour soutenir la propagation aussi rapide de son approche ? L'essentiel tient sans doute dans l'anecdote qui suit. Chaque année depuis 2005, l'équipe de soutien mondial de la Constellation invite une dizaine de personnes à Chiang Mai. Ensemble, nous apprécions pendant plusieurs jours comment les communautés de cette partie du monde utilisent leurs propres forces pour mettre fin à l'épidémie. Nous en sortons inspirés et prenons un jour ou deux pour réfléchir : Qu'avons-nous avons appris ? Comment allons-nous utiliser ce savoir neuf dans nos contextes respectifs ?

Cette année-là, en septembre 2008, Amber, une journaliste qui travaille dans une ONG à Chiang Mai, fait partie des visiteurs. Vers la fin de la réflexion, Amber nous dit tout de go : « L'illustration la plus claire de votre approche, c'est vous qui l'apportez. Tout a marché comme sur des roulettes, et pourtant on ne sait même pas comment vous êtes organisés. Vous êtes là pour nous, sans que nous ressentions la moindre différence, la moindre hiérarchie. On ne sait d'ailleurs toujours pas qui est le chef d'équipe, et cela n'a pas d'importance ! Voilà ce que je vais transférer dans le contexte de mon propre milieu de travail. » Nous étions à la fois flattés et surpris car, jusque-là, nous avions considéré SALT comme une façon de faciliter les réponses locales, sans réaliser que cette façon de penser s'appliquait à notre propre équipe ! Comme à son habitude, Ian nous rend une visite éclair. Un peu comme l'abeille qui se pose çà et là, Ian nous a rejoints pour faire fructifier notre réflexion. C'est là que, pour la première fois, il dit : « SALT est l'ADN de la Constellation. »

Pour organiser l'équipe de soutien mondial de la Constellation, nous nous sommes inspirés de l'évolution des organismes vivants : dans le monde vivant, la fonction crée l'organe. Les structures se développent pour assurer des fonctions, et non l'inverse. Et lorsqu'elles ne servent pas de fonction, elles s'atrophient. Le développement et la diffusion de la compétence communautaire pour la vie sont des phénomènes vivants. Il fallait donc donner le jour à une organisation qui soutienne ces phénomènes et éviter d'installer une bureaucratie qui étouffe l'inspiration et contraigne sa circulation.

Quelles seraient donc les fonctions de l'équipe de soutien ? 1. Développer et entretenir notre « ADN », le développement de la compétence communautaire pour la vie ; 2. Transférer cet « ADN » vers les communautés et les réseaux de communautés qui le souhaitent ; 3. Mettre en relation toutes les communautés qui œuvrent à la compétence pour la vie, et transformer l'ensemble ainsi constitué en un organisme vivant doté d'une intelligence commune. Explorons brièvement chacune de ces fonctions.

C'était en 2006. Phil me pose alors une question : quel est votre processus ? Autrement dit, quel est notre ADN ? Phil, qui avait connu Geoff à BP et avait participé au développement des processus de gestion du savoir au sein de cette entreprise, avait créé sa propre entreprise de consultation en gestion du savoir depuis plusieurs années. Il aidait des entreprises privées à partager en temps réel les améliorations des processus industriels apportées par leurs centres de production répartis de par le monde. Attiré par l'approche appréciative que nous commencions à pratiquer, il vient de nous faire un cadeau magnifique : il nous donne 50 % de son temps ! Depuis, Phil se concentre sur la formulation de la réponse à la question ô combien essentielle qu'il continue de poser. Il recueille de plus en plus systématiquement le *feedback* de nos facilitateurs à partir de leur expérience du terrain. Grâce à ce *feedback*, le processus évolue constamment vers plus de profondeur et de simplicité. Nous appelons cette fonction celle de l'apprentissage (*Learn* en anglais). Elle pourrait aussi s'appeler « adaptation » car, pour survivre, tout organisme doit pouvoir s'adapter aux conditions changeantes de son environnement.

La Constellation stimule et met en relation les réponses locales en instillant son ADN dans d'autres organismes (communautés ou réseaux de communautés) afin qu'eux aussi œuvrent mieux à la compétence pour la vie. Gaston, que nous avons rencontré au chapitre 6, anime cette fonction que nous appelons le transfert. C'est la Fondation de l'Aga Khan qui, la première, nous avait invités. Des membres du conseil et de la famille de l'Aga Khan ont été séduits par le fait que nous visions la compétence des membres de leurs communautés (madrassas, hôpitaux, écoles, mais aussi entreprises privées) et non seulement la « sensibilisation » de tierces personnes. Dès janvier 2005, nous nous rendions à Mombasa pour former des membres du réseau de développement de l'Aga Khan.

Bientôt des communautés, des réseaux, des entreprises et des agences de développement nous ont invités pour les aider à répondre à un large éventail de préoccupations. À ces organisations, la Constellation propose de révéler et de renforcer leur propre capacité de facilitation afin qu'elles développent leur vision du succès, qu'elles agissent et adaptent leurs actions pour la réaliser. Pendant un à deux ans, les coaches de la Constellation accompagnent les futurs facilitateurs dans leur pratique sur place et tout au long de leur apprentissage à distance. Depuis 2005, nous avons conclu 74 accords pour le développement de la Compétence pour la vie avec 41 partenaires pour accompagner les réponses locales dans 58 pays.

Plutôt que de solliciter les bailleurs de fonds afin qu'ils subsidient notre fonctionnement, nous avons donc décidé de vendre nos services. Ainsi, nous gardions intacte notre approche et nous testions sa pertinence directement auprès des acteurs du terrain. Dans certains cas, ces derniers seraient subsidiés, mais ils auraient le dernier mot quant à la décision de travailler avec nous. Notre équipe de soutien mondial a fonctionné grâce à la différence entre le prix demandé à ces acteurs pour le transfert de notre approche et les coûts liés à sa réalisation. Ainsi, grâce à notre premier contrat avec la Fondation de l'Aga Khan, nous disposions d'assez de liquidités pour payer l'équipe de soutien pendant trois mois, et notre situation financière ne s'est pas améliorée depuis. Dans ces conditions, pas de danger de voir notre secrétariat se transformer en une bourgeonnante bureaucratie !

Cette approche a ses limites. D'abord, la rémunération de notre équipe est trop sensible à la conclusion de nouveaux contrats et à leur exécution dans les délais prévus. Cela induit des incitations à conclure plus rapidement que nécessaire, et nous risquons de compromettre la qualité de notre travail. Ensuite, il n'y pas de doute que certains partenaires potentiels ont été découragés par le fait que nous vendons nos services. En particulier, notre approche a choqué certaines ONG habituées aux subsides officiels. D'autres n'ont pas les moyens de travailler avec nous. Même si nous offrons la gratuité de notre service, il reste les coûts de voyage, parfois très onéreux. Il nous faut donc nécessairement constituer un capital de réserve pour nous permettre de faire face à ces aléas. Heureusement, la majorité des transferts se fait spontanément de communauté à communauté sans que des facilitateurs formels aient à intervenir !

Ceci nous amène à la troisième fonction de notre équipe, elle aussi inspirée de la vie. Les organismes composés de cellules multiples ont évolué à partir d'organismes monocellulaires. Ces derniers ont commencé par communiquer ensemble pour progressivement former un organisme unique servi par un système nerveux commun. La fonction de partage consiste à faciliter cette communication de cellule en cellule, c'est-à-dire de communauté à communauté. Le but est de renforcer le soutien mutuel entre les communautés et de permettre l'émergence d'une intelligence commune à partir des différentes expériences de chacune d'entre elles. C'est Laurence qui a animé cette fonction depuis Chiang Mai. Son travail consiste à partager l'inspiration qui vient du terrain, à mettre en relation les acteurs du terrain pour qu'ils se soutiennent à distance et, dans la mesure du possible, à organiser des rencontres en face-à-face pour dégager le savoir commun né des expériences diverses.

Laurence a animé avec Rituu l'équipe qui a mis en place notre plateforme informatique d'échanges. Aujourd'hui, 1 597 personnes provenant de 96 pays en sont membres. Bien sûr, il y encore beaucoup à faire pour que les praticiens de la réponse locale partagent sans crainte avec des personnes du monde entier. Toujours est-il qu'elle a réussi à créer une atmosphère positive sur la plateforme, loin des courriels assassins de certains réseaux sociaux. Quel plaisir de voir les facilitateurs de Guyane partager leur expérience de formation de policiers à la compétence pour la vie avec leurs pairs du Cambodge ! Peu à peu, une malle de trésors s'est progressivement constituée.

Il reste encore beaucoup à faire pour dégager les principes communs qui se dégagent des expériences de réponses locales et pour leur donner une large diffusion. Imaginez la puissance d'un processus sans cesse répété par lequel on remettrait sur l'ouvrage les principes pour l'action afin de les affiner sur la base d'expériences nouvelles. Nous aurions là une source constante de sagesse née des réponses locales de par le monde et disponible tant pour les acteurs sur le terrain que pour les décideurs de divers niveaux. Voilà que se développerait un organisme composé des communautés qui œuvrent à la compétence pour la vie, mues par les énergies libérées par les réponses locales, dirigées par une sagesse commune et soutenues par le minimum d'organisation nécessaire à la vie de cet organisme.

Nous avons dû être vigilants pour rester fidèles à notre vision dans l'exercice de cette fonction de partage. Par exemple, on nous a maintes fois conseillé de « segmenter la communication ». D'après ce conseil, il nous faudrait développer autant de messages que de secteurs avec lesquels nous entrons en relation. Nous avons toujours résisté à ce conseil, parce que nous nous adressons à la personne humaine. Nous entrons en relation avec une personne humaine, pas avec sa carte de visite. Cette personne a des forces, des faiblesses, des espoirs et des soucis qui ne diffèrent pas en fonction de sa profession, de ses responsabilités, de sa sphère de travail, de sa religion, ou de sa culture. Notre langage doit être suffisamment simple pour qu'il nous permette d'inviter à changer de regard le PDG, le

SDF, le demandeur d'asile, la personne transsexuelle, le curé, la personne prostituée, le policier, l'imam, le moine bouddhiste, le ministre, l'infirmier, leurs conjoints, leurs enfants... vous avez compris !

Tout cela est possible parce que nous cherchons réellement à désapprendre nos manières d'experts pour nous comporter en personnes humaines « normales », à part entière. Et Marlou, aidée en cela d'un conseil d'administration composé jusqu'il y a peu des membres fondateurs de la Constellation, veille au grain depuis son bureau, installé longtemps sur la table de cuisine. Voici ce qu'elle écrit le jour du lancement de notre plateforme d'échanges à distance : « Vous êtes nombreux à savoir que, depuis de nombreuses années, je travaille dans ma cuisine. Je peux donc poser mon ordinateur portable sur la table et combiner mon rôle de maman de quatre enfants et ceux, nombreux, que j'ai eu à jouer au sein de la Constellation. Mes amis me demandent : "Ne te sens-tu pas seule, toute seule avec ton ordi, sans voir tes collègues ?"

Je me contente de sourire. Je sais comment, assise à cette table, je me sens en relation avec tant de personnes dans le monde. C'est là que j'ai appris avec beaucoup d'entre vous, pendant que parfois la soupe se chauffait derrière moi, ou que les enfants jouaient aux Playmobil sous la même table. Et vous savez que nous avons partagé rires et pleurs, moi à ma table, vous dans votre cadre. Certains d'entre vous sont venus me rejoindre à cette table pour de "vraies" rencontres, et j'apprécie tellement ces moments où je peux venir vous rendre visite dans vos propres contextes. Ces moments sont précieux, car ils rendent d'autant plus productifs nos contacts à distance. Bon, je retourne à mes casseroles. »

Ce principe de base, selon lequel nous sommes tous humains au même degré, n'est pas sans conséquences très pratiques. Par exemple, nous n'avons pas d'échelle de salaires. Nous visons à ce que toutes les personnes qui œuvrent au secrétariat aient droit à des rémunérations qui leur donnent droit au même niveau de vie, y compris l'accès des enfants aux meilleures écoles, aux services de santé, et à la retraite. Et parce que nous considérons la facilitation des réponses locales comme un phénomène parfaitement naturel, toute l'équipe est appelée à faciliter ces réponses. C'est ainsi que Lawan, notre assistante administrative depuis 2005, est devenue coach de la Constellation. Le même principe vaut pour la soixantaine de coaches : il n'y a pas de hiérarchie entre nous. Lorsque nous travaillons à l'exécution d'un contrat, ce qui représente par coach quelques jours de prestations par mois, nous sommes tous payés 200 euros par jour de service, le reste allant à l'organisation. Certains de nos meilleurs facilitateurs n'ont pas fait d'études universitaires, mais sont à la base de véritables progrès dans leur pays. Si le Kenya a adopté la compétence face au sida comme objectif de son plan stratégique, c'est en grande partie grâce à Onesmus. Aîné d'une famille de huit orphelins de père et de mère, Onesmus s'est consacré à l'éducation de ses frères et sœurs. Il n'a pas eu l'occasion de faire des études supérieures, mais a su convaincre à partir de son expérience personnelle les dirigeants du programme national de son pays.

Lorsque le nombre de facilitateurs s'est mis à croître rapidement, il a fallu nous organiser. Le piège était présent. Allions-nous avoir des filiales ? Mais, ont rétorqué nos amis congolais, « Qui dit fils dit père et sans doute relation de subordination ? » Nous avons opté pour un modèle égalitaire, fait d'organisations membres, servies par le secrétariat mondial et au service des facilitateurs œuvrant dans le pays. Ainsi sont nées douze organisations membres, et d'autres sont en formation. Leurs fonctions étant identiques à celles décrites à propos de l'équipe mondiale, elles ont la même structure. Chacune de ces organisations répond de manière autonome aux invitations au sein du pays, et fait appel au secrétariat mondial lorsque des échanges inter-pays sont prévus, ou lorsque l'appui de coaches d'autres pays s'avère nécessaire. Le soutien à l'ensemble de la Constellation se fait de plus en plus par des équipes virtuelles, composées des personnes qui, dans chaque organisation membre, exercent la fonction d'apprentissage, de transfert et de partage.

Ce n'est qu'après que nous avons mis en place ce mode d'organisation que Gaston un jour découvre que ce mode a un nom : c'est l'organisation en étoile de mer ! Que se passe-t-il lorsqu'une étoile de mer perd une branche ? Il lui en pousse une autre, tandis que de la branche isolée naît une nouvelle étoile. Ce phénomène est possible parce que l'intelligence de l'étoile de mer est diffuse et présente dans chaque branche. C'est ce qui se passe à la Constellation : même si nous exerçons des fonctions différentes, nous partageons à ce point notre intelligence commune qu'une nouvelle organisation peut naître de chacun de ses membres. Par contraste, bon nombre d'organisations suivent plutôt le modèle de l'araignée. Si vous enlevez une patte à une araignée, elle ne repoussera pas, et il y peu de chances que de cette patte naisse une nouvelle araignée. Et si vous lui coupez la tête, c'est terminé pour elle !

Un soir, avant de quitter Kinshasa pour rentrer en Belgique, les facilitateurs me dirent à tour de rôle ce qu'ils avaient apprécié dans ma visite et je faisais de même pour chacun d'entre eux. Nous appelons ce moment, « arroser les fleurs ». Mamy, membre du conseil d'administration de RDCCompétence prend la parole en dernier lieu : « Jean-Louis, tu peux mourir. Nous continuerons à propager la compétence ! »

Évidemment cela fait plaisir, mais nous ne sommes pas au bout de l'aventure ! Même si la compétence pour la vie se propage de proche en proche au sein des quartiers et des associations, cette extension peut tout aussi bien n'être qu'un feu de paille. Comment en effet les citoyens peuvent-ils œuvrer de manière durable à la compétence pour la vie alors que le secteur public les traite en administrés et le secteur privé en consommateurs (potentiels) ? Pour être durable, il faudrait que toutes les parties prenantes dans les organisations des secteurs public et privé construisent leur propre rêve pour la société de demain, et voient dans leur travail une manière de contribuer efficacement à la réalisation de ce rêve.

Nous savons que cette transformation est possible. Prenons d'abord les organisations des Nations unies. Ainsi, le FNUAP en Indonésie, l'ONUSIDA en Europe et en Guyane ont adopté l'approche appréciative de la Constellation pour leurs programmes respectifs. Cependant, ces progrès dépendent de responsables locaux capables de résister à la culture dominante au sein de leurs organisations. Qu'ils soient remplacés et les progrès réalisés au sein de leur équipe s'en trouvent gravement menacés. Faut-il donc « cibler » les chefs ? La personnalité des chefs n'est pas en cause. Ainsi, la Constellation a aujourd'hui passé un accord formel de coopération avec ONUSIDA et entretient d'excellentes relations avec ses responsables, dont Michel Sidibé, le directeur exécutif du programme depuis 2008. C'est la culture même de ces organisations qui devrait évoluer, et il n'est pas certain qu'à eux seuls les responsables des organisations onusiennes puissent arriver à mettre en œuvre les réformes radicales qui s'imposent. La situation risque de perdurer tant que ces responsables seront principalement redevables devant les bailleurs de fonds. Il est grand temps de réformer le système de fond en comble. Il est temps de rêver à ce que nous voulons de nos Nations unies. Une démarche citoyenne visant un contrôle démocratique direct de ces institutions apporterait un réel contrepoids au pouvoir de l'argent.

La Constellation pourrait-elle inclure des entreprises du secteur privé soucieuses de mieux intégrer leur responsabilité sociale dans l'ensemble de leurs activités ? J'en suis persuadé, mais seul l'avenir nous le dira. Nous n'avons qu'une expérience limitée en la matière, car nous commençons à peine à inviter les responsables d'entreprises privées à se joindre au mouvement. Voici ce que dit Christophe Boeraeve, à propos des effets de l'approche dans son cabinet d'avocats : « Nos décisions sont devenues plus collégiales. Nous avons découvert des forces au sein de notre équipe dont nous ignorions l'existence, et chaque membre de l'équipe, assistants, avocats juniors et seniors s'est senti responsabilisé. Nous avons développé le respect de la capacité de chaque personne à découvrir des solutions aux défis qui se posent à nous, sans toutefois renoncer à l'autorité et aux procédures. Nous n'avons pas encore atteint notre rêve, mais lorsque nos vieilles habitudes tendent à prendre le dessus, il nous suffit de nous poser la question : que puis-je apprécier de positif dans notre cabinet ? En partant de nos forces, nous nous sommes dotés d'un puissant antidote contre la stupidité, la méchanceté et l'égoïsme qui prévalent dans notre secteur. »

Épilogue

Vivre ensemble autrement

Le temps n'est pas au fatalisme. Non, M. Fukuyama [1], l'histoire n'est pas terminée. Nous ne pouvons accepter l'idée que la société dans laquelle nous vivons serait la meilleure qui soit. La sphère politique, économique, financière, religieuse même s'est progressivement découplée de la vie réelle pour créer une globosphère dont le seul mantra est la croissance économique. Notre espace est progressivement envahi par le bruit incessant de la publicité, de la communication continue sur des catastrophes et sur les frasques de quelques « people ». Nous n'acceptons pas la transformation du monde en un gigantesque supermarché où la seule raison d'être serait de consommer.

L'espoir est là, tangible, en nous et autour de nous. Il n'y a pas lieu d'attendre un rédempteur politique ou religieux qui viendrait nous sauver des catastrophes sans cesse annoncées. L'énergie du changement, nous pouvons l'éveiller et nous pouvons la transmettre pour que d'autres à leur tour reprennent confiance et agissent pour une société meilleure.

Comment faire ? Changeons de regard. Cela prend une fraction de seconde. Dès la fin de la lecture de ce livre, nous pouvons décider d'aller vers une personne proche pour lui dire ce que nous apprécions en elle. C'est tout simple, et

1. Philosophe et chercheur en sciences politiques américain. *Cf. La fin de l'histoire et le dernier homme*, Paris, Flammarion, 2003.

facile à faire de temps en temps, avec ceux qu'on a l'habitude d'estimer. Mais apprécier les forces de chacun de façon systématique, dans toutes les situations, avec toute personne, voilà qui est plus difficile... Si nous n'y faisons pas attention, les vieilles habitudes reprennent le dessus. Nous nous reprenons à juger, à analyser *ad nauseam* ce qui manque chez autrui et à nourrir notre colère à propos de ce que les autres ne font pas pour nous...

Changer de regard exige de la pratique et de la discipline. Au sein de la Constellation, cette pratique se fait en équipe auprès d'autres communautés que la nôtre. En équipe, car le soutien du groupe nous permet d'éviter de « réveiller le vieil homme qui dort en nous » à la moindre difficulté. Face à celle-ci, les plus âgés d'entre nous, les plus diplômés d'entre nous, ceux qui « ont réussi dans la vie », seront tentés de reprendre sans réfléchir les réflexes acquis dans d'autres contextes. Bardons-nous d'un salutaire et constructif scepticisme par rapport à nos expériences ! Faisons appel aux perspectives croisées des membres de l'équipe pour mieux appréhender la réalité, voir les forces qui nous auraient échappé et qui pourraient nous inspirer. Pratiquons le regard positif auprès d'autres communautés, car c'est par la relation entre communautés que jaillit l'énergie du changement, tant pour la communauté à laquelle nous rendons visite que pour celle à laquelle nous appartenons ou que nous voulons construire.

Peut-être cette façon de voir le monde et d'agir en conséquence vous est-elle déjà familière ? En effet, la Constellation n'a rien inventé. Nous avons développé une approche en tâtonnant pour répondre à un défi immédiat : faciliter et mettre en relation les réponses locales face au sida. Ça, c'est notre histoire. Mais nos racines viennent de loin, et nous partageons notre héritage philosophique et spirituel avec d'autres organisations et d'autres mouvements. Si vous en faites partie, unissons-nous pour apprendre les uns des autres, et pour induire le savoir-faire commun né de nos différentes expériences. Unissons nos voix afin que les principes communs nés des réponses locales du monde entier servent à bâtir notre société de demain.

Surtout, passons à l'action. Aucun exercice intellectuel, aucun modèle théorique, aucun outil ne se substituera à la pratique du regard positif. Le processus du développement de la compétence communautaire pour la vie est simple, et son champ d'application est aussi large que varié. Toute communauté humaine peut l'utiliser pour faire face à un défi commun ou pour rechercher le sens profond de ses actions.

À vous de décider quel enjeu vous mobilise le plus. Voulez-vous reconstruire le sens communautaire dans votre quartier ? Faites-vous partie d'une association de malades ou de personnes handicapées ? Etes-vous engagés dans l'action sanitaire et sociale ? Voulez-vous vous assurer que votre entreprise contribue réellement à une société meilleure ? Voulez-vous vous engager dans l'action politique au-delà des clivages politiciens ? Constituez votre équipe, et allez-y. Si vous le souhaitez, vous trouverez sur notre site les outils pour vous aider dans votre démarche[2]. Contactez-nous si vous voulez que des facilitateurs de la Constellation vous accompagnent.

Reprenons en main notre destin. Comme Hakim, déclarons haut et fort notre droit au rêve. Unissons-nous avec nos proches pour développer notre rêve, agissons ensemble pour le mettre en œuvre en comptant d'abord sur nos propres ressources et partageons avec d'autres l'énergie générée par notre cheminement vers notre vision.

---

2. *Cf.* http://www.communitylifecompetence.org/fr/ (accédé en janvier 2013).

Revenons, voulez-vous, à Koppal, dans le Nord du Karnataka. Joao venait de témoigner de son expérience sous la magnifique tente jaune dressée en toute hâte dans le jardin de l'hôtel où séjournaient les visiteurs de la visite SALT internationale. La revue de notre expérience de SALT touche à sa fin. Un train passe non loin, et le vacarme de son passage est doublé de coups de klaxon tonitruants. Le silence revenu, Lawan, notre assistante administrative devenue coach de la Constellation prononce le mot de la fin : « Il y a un autre mot dont la première lettre est reprise dans SALT. *That word is Love*[3]. » Cela tombe bien, Love traduit en français commence par A !

3. Ce mot est Amour.

Et maintenant, que vais-je faire ?

Le livre vous est-il utile ?
Donnez votre contribution ou votre réaction à cet ouvrage à l'adresse : questcequinousrendhumains@editionsatelier.com

La lecture de ce livre vous a-t-elle donné l'envie d'en savoir plus ?
Consultez notre site web : www.communitylifecompetence.org

Souhaitez-vous acquérir les compétences de facilitateur ?
Veuillez prendre contact avec Marlou De Rouw marlou@communitylifecompetence.org

Souhaitez-vous un appui de la Constellation pour accompagner votre communauté dans le développement communautaire pour la vie ?
Veuillez prendre contact avec Marlou De Rouw marlou@communitylifecompetence.org

Souhaitez-vous nous rejoindre sur notre réseau social pour partager votre expérience ?
Nous serons heureux de vous accueillir sur www.aidscompetence.ning.com

Souhaitez-vous faire un don à la Constellation pour que nous achetions le livre pour les milliers de personnes qui n'ont pas les moyens financiers de se le procurer ?
Veuillez faire parvenir votre contribution au compte de l'ABSL Constellation IBAN BE62001579049761 avec la mention « Livre JL Lamboray ». Les dons de plus de 40 € bénéficient de l'exonération fiscale en Europe.

Bibliographie sélective et sites

Ouvrages et articles

Banque Mondiale et ONUSIDA, *Réponse à la crise du VIH/sida : enseignements tirés des meilleures pratiques mondiales : Expériences partagées par le Brésil, le Sénégal, la Thaïlande et l'Ouganda*, Séminaire, Genève, Banque Mondiale, 2004. http://siteresources.worldbank.org/INTHIVAIDS/Resources/375798110303 7153392/RespondingFR.pdf (accédé en janvier 2013).

CDC, *Distribution of Insecticide-Treated Bednets During an Integrated Nationwide Immunization Campaign, Togo, West Africa, December 2004*, Morbidity and Mortality Weekly Report, Atlanta, Centers for Disease Control and Prevention, 54(39), p. 994-996. http://www.cdc.gov/mmwr/preview/mmwrhtml/mm5439a6.htm (accédé en janvier 2013).

Collison C., Parcell G., *Learning to Fly*, 2nd Edition, Capstone, 2005.

Forth P., *AIDS Competence : How AIDS Competence is becoming a reality through the tools of Self-Assessment and Facilitation*, UNAIDS, UNITAR, BP, The Salvation Army, 2004.

Fourez G., *Alphabétisation scientifique et technique*, Bruxelles, De Boeck, 1894.

Krishnamurti, *Se libérer du connu*, Paris, Stock, 1994.

Le Pichon X., *« Ecce Homo » : L'accueil de la personne souffrante est le signe de notre humanité*, Conférence, Semaines sociales de France. Session 2001 : Biologie, Médecine et Société. http://www.ssffr.org/offres/doc_inline_src/56/ecce+homo+l5C27accueil+de+la+personne+souffrante.pdf (accédé en janvier 2013).

Lucas S., *Community, Care Change and Hope : local responses to HIV in Zambia*, The Synergy Project, 2004.

OMS et ONUSIDA, *3 millions de personnes sous traitement d'ici 2005, Comment y parvenir, La stratégie de l'OMS*, Genève, Organisation mondiale de la Santé, 2003. http://www.who.int/3by5/publications/en/3by5strategyfrench.pdf (accédé en janvier 2013).

OMS et ONUSIDA, *Élargissement de l'accès au traitement antirétroviral dans le monde, Rapport sur l'initiative « 3 millions d'ici 2005 » et au-delà*, Genève,

Organisation mondiale de la Santé, 2006. http://www.who.int/hiv/progreport2006_fr.pdf (accédé en janvier 2013).

ONUSIDA, *VIH et réforme des soins de santé à Phayao : De la crise aux possibilités*, Collection Meilleurs Pratiques, Genève, Programme commun des Nations Unies sur le VIH/SIDA, 2000. http://data.unaids.org/publications/IRC-pub05/jc450-phayao_fr.pdf (accédé en janvier 2013).

Piot P., *AIDS : From Crisis Management to Sustained Strategic Response*, Lancet, Vol. 368, 2006, pp. 526530.

Serres M., *Récits d'humanisme*, Paris, Le Pommier, 2006, 244 p.

Rumi J. (auteur), Barks C. (traducteur), *The Essential Rumi*, New York, Harper-Collins Publishers, 2004.

Viveret P., *Reconsidérer la richesse*, Paris, Éditions de l'Aube, 2002.

Sur la toile

http://aidscompetence.ning.com/profiles/blogs/a-new-milestone-in-connecting (accédé en janvier 2013). De Rouw M., *A new milestone in connecting virtually*, Blogs, Réseau social de la Constellation, 2008.

http://aidscompetence.ning.com/profiles/blogs/the-power-of-appreciation-in (accédé en janvier 2013). Forth P., *The power of appreciation in SALT*, blogs, Réseau social de la Constellation, 2010.

http://aidscompetence.ning.com/video/transformation-des-pairs (accédé en janvier 2013). Gillot L. et Mukalayi Umba T., *Transformation des pairs éducateurs 'radio' en facilitateurs*, vidéo, Réseau social de la Constellation, 2009.

http://aidscompetence.ning.com/video/my-life-is-more-important (accédé en janvier 2013). Gillot L. et PNG Competence, *My life is more important*, vidéo, Réseau social de la Constellation, 2008.

http://aidscompetence.ning.com/video/papua-new-guinea-their-pride (accédé en janvier 2013). Gillot L. et PNG Competence, *Papua New Guinea : their pride, their passion, their story*, vidéo, Réseau social de la Constellation, 2008.

http://aidscompetence.ning.com/profiles/blogs/salt-visit (accédé en janvier 2013). Gillot L., commentaire sur le blog de Welch L., *SALT visit*, Blogs, Réseau social de la Constellation, 2010.

http://aidscompetence.ning.com/profiles/blogs/the-strength-starts-from (accédé en janvier 2013). Kori R., *The strength start from there How SALT could be so powerfull !*, Blogs, Réseau social de la Constellation, 2010.

http://aidscompetence.ning.com/profiles/blogs/demandeurs-dasile-ce-queux (accédé en janvier 2013). Louis-Marie, *Demandeurs d'asile : ce qu'eux ont à offrir à la Belgique*, Blogs, Réseau social de la Constellation, 2009.

http://aidscompetence.ning.com/video/the-power-of-dreams?xg_source=activity (accédé en janvier 2013). Montilla J. P., *The power of dreams*, vidéo, Réseau social de la Constellation, 2009.

http://aidscompetence.ning.com/profiles/blogs/being-specific-about-strengths (accédé en janvier 2013). Mutungwa A., *Being specific about strenghts*, Blogs, Réseau social de la Constellation, 2011.

http://aidscompetence.ning.com/profiles/blogs/lhistoire-de-beho-integre-un (accédé en janvier 2013). Ndayishimiye Y., *L'histoire de Beho « intégré » - un centre pour demandeurs d'asile*, Blogs, Réseau social de la Constellation, 2010.

http://aidscompetence.ning.com/profiles/blogs/un-intellectuel-retourne-je (accédé en janvier 2013). Nkurikiye J., *Un intellectuel retourné : je deviens l'élève des professionnelles du sexe à Dar-es-Salaam*, Blogs, Réseau social de la Constellation, 2009.

http://aidscompetence.ning.com/profiles/blogs/people-know-best-how-to-solve (accédé en janvier 2013). Pour en savoir plus, lire Phalen A., *People know best how to solve own issues : Ban Pang Lao community shifting away from donor funding*, Blogs, Réseau social de la Constellation, 2008.

http://aidscompetence.ning.com/profiles/blogs/2028109 :BlogPost :2604 (accédé en janvier 2013). Picavet, A., *Quelle visite SALT !*, Blogs, Réseau social de la Constellation, 2008.

http://aidscompetence.ning.com/profiles/blogs/what-is-the-purpose-of-ngo (accédé en janvier 2013). Sur le même thème, lire Schmitz G., *What is the purpose of NGO branding in the field ?*, blogs, Réseau social de la Constellation, 2010.

http://aidscompetence.ning.com/profiles/blogs/how-my-dutch-experience-ends (accédé en janvier 2013). Schmitz G., *How my Dutch experience ends up in a Papua New Guinea Knowledge Asset*, Blogs, Réseau social de la Constellation, 2008.

http://aidscompetence.ning.com/profiles/blogs/un-intellectuel-retourne-je (accédé en janvier 2013). Schmitz G. commentaire sur le blog de Nkurikiye J., *Un intellectuel retourné : je deviens l'élève des professionnelles du sexe à Dar-es-Salaam*, Blogs, Réseau social de la Constellation, 2009.

http://aidscompetence.ning.com/profiles/blogs/competency-assessment-on (accédé en janvier 2013).Sultana R., commentaire sur le blog de Mancey A., *Competency Assessment on Gender Violence (Guyana)*, Blogs, Réseau social de la Constellation, 2010.

http://aidscompetence.ning.com/profiles/blogs/a-salt-bouquet#comments (accédé en janvier 2013). Vembane J.A., commentaire sur le blog de Lamboray J.-L., *A SALT bouquet*, Blogs, Réseau social de la Constellation, 2010.

Table des matières

Composition : Le vent se lève...

Achevé d'imprimer dans les Ateliers de la Nouvelle Imprimerie Laballery
58500 Clamecy
N° d'éditeur : 6309 – N° fab. : 6521 – N° d'imprimeur : 303283
Dépôt légal : avril 2013

Imprimé en France